essentials

essentials liefern aktuelles Wissen in konzentrierter Form. Die Essenz dessen, worauf es als „State-of-the-Art" in der gegenwärtigen Fachdiskussion oder in der Praxis ankommt. *essentials* informieren schnell, unkompliziert und verständlich

- als Einführung in ein aktuelles Thema aus Ihrem Fachgebiet
- als Einstieg in ein für Sie noch unbekanntes Themenfeld
- als Einblick, um zum Thema mitreden zu können

Die Bücher in elektronischer und gedruckter Form bringen das Expertenwissen von Springer-Fachautoren kompakt zur Darstellung. Sie sind besonders für die Nutzung als eBook auf Tablet-PCs, eBook-Readern und Smartphones geeignet. *essentials:* Wissensbausteine aus den Wirtschafts-, Sozial- und Geisteswissenschaften, aus Technik und Naturwissenschaften sowie aus Medizin, Psychologie und Gesundheitsberufen. Von renommierten Autoren aller Springer-Verlagsmarken.

Weitere Bände in der Reihe http://www.springer.com/series/13088

Alexandra Schüll

Das Triade-Konzept der Personalentwicklung

Instrumente und Maßnahmen zu einer ganzheitlichen Personalentwicklung

Alexandra Schüll
Dietzenbach, Deutschland

ISSN 2197-6708   ISSN 2197-6716   (electronic)
essentials
ISBN 978-3-658-31459-0   ISBN 978-3-658-31460-6   (eBook)
https://doi.org/10.1007/978-3-658-31460-6

Die Deutsche Nationalbibliothek verzeichnet diese Publikation in der Deutschen Nationalbibliografie; detaillierte bibliografische Daten sind im Internet über http://dnb.d-nb.de abrufbar.

Planung/Lektorat: Stefanie Winter
Springer Gabler ist ein Imprint der eingetragenen Gesellschaft Springer Fachmedien Wiesbaden GmbH und ist ein Teil von Springer Nature.
Die Anschrift der Gesellschaft ist: Abraham-Lincoln-Str. 46, 65189 Wiesbaden, Germany

Was Sie in diesem *essential* finden können

- Eine Erklärung, weshalb Personalentwicklung (PE) im engeren Sinne (Aus-, Fort- und Weiterbildung) den steigenden Anforderungen von Industrie 4.0 und Personal 4.0 nicht mehr gerecht wird.
- Die Beschreibung einer ganzheitlichen PE und seiner wesentlichen Instrumente und Maßnahmen als Bestandteil der Unternehmens- und Personalführung.
- Die Darstellung des Konzeptes der triadischen Beziehungen (Triade-Konzept), seine Interdependenzen und kausalen Wechselbeziehungen als Merkmal einer mitarbeiterorientierten Personal- und Sozialpolitik.
- Die Beschreibung und Erklärung der Wirkzusammenhänge innerhalb der fundamentalen und gestaltenden Elemente des Triade-Konzeptes.
- Die Skizzierung der gegenwärtigen und zukünftigen Herausforderungen an die PE und welche Voraussetzungen erforderlich sind.

Vorwort

„Ich kann freilich nicht sagen, ob es besser wird, wenn es anders wird.
Aber soviel kann ich sagen: es muss anders werden, wenn es besser werden soll!"
Georg Christoph Lichtenberg (1742–1799), deutscher Naturwissenschaftler

Die Vielseitigkeit, Multifunktionalität und mehrdimensionale Inhaltsstruktur des Begriffes Personalentwicklung (PE) hat seit seiner Einführung in den achtziger Jahren und der zunehmenden Verbreitung in den privatrechtlichen Unternehmen und Organisationen des öffentlichen Rechts dazu geführt, dass seine theoretische Interpretation und Realisation in der Praxis die unterschiedlichsten Formen und Ausprägungen erfahren hat. „Personalentwicklung ist ein schillernder Begriff. Fragen Sie fünf Personalmanager, was er bedeutet, und Sie erhalten fünf verschiedene Antworten. Kein Wunder, dass viele mittelständische Unternehmen mit Personalentwicklung ihre Schwierigkeiten haben." (Rationalisierungs- und Innovationszentrum der Deutschen Wirtschaft [RKW-BW], S. 2). Diese Aussage, so sehr sie auch die Wahrheit und den Kern des Problems trifft, sie kann ebenso auf größere Unternehmen bezogen werden. Denn es ist immer wieder erstaunlich feststellen zu müssen, wie auch in international bekannten Konzernen eine erhebliche Diskrepanz zwischen Anspruch und Wirklichkeit besteht.

Ein Spiegelbild für den desolaten Stellenwert der PE in der Industrie und wie die Aufgaben und Funktionen der PE interpretiert werden, sind die Stellenanzeigen der Unternehmen zum Thema Personalentwicklung. Die Funktions- und Aufgabenbeschreibungen beschränken sich hauptsächlich auf Tätigkeiten wie z. B. Führungskräfteentwicklung, das Talentmanagement, Planung und Durchführung von Workshops, Optimierung des E-Learnings, Ermittlung des PE-Weiterbildungsbedarfs, Durchführung von Mitarbeitergesprächen, Training und Coaching, etc. Damit ist aber das Potenzial der Personalentwicklung noch lange nicht ausgeschöpft. Eine weitere Ursache für den desolaten Zustand der PE ist die Tatsache, dass in den letzten Jahrzehnten zwischen Theorie und Praxis eine stetige, geistige Entfremdung stattgefunden hat. Dies hat dazu geführt, dass im wissenschaftlichen Diskurs und den entsprechenden Veröffentlichungen weitergehende Forschungsergebnisse vorgestellt wurden, die sich zwar auf anerkannt wissenschaftlich hohem Niveau bewegten, aber nicht die Akzeptanz in der industriellen Praxis gefunden haben (vgl. Weckmüller et al. 2013, S. 8 ff.). Ein Grund hierfür ist aus der Sicht der Unternehmen (vgl. Weckmüller et al. 2013, S. 2 ff.), dass die Forschungsergebnisse oftmals nur schwer zu erhalten und ebenso schwer zu verstehen sind. Ebenso würden die Resultate wenig Relevanz und Nutzen für die Praxis aufweisen.

Obwohl diese methodische Distanz in der psychologischen Forschung sehr wohl wahrgenommen wurde (vgl. Schuler 2006, S. 184 f.), sind bisher keine Anzeichen zu erkennen, die zur Überwindung bzw. Harmonisierung der Interpretationsdefizite beigetragen haben. Es ist daher im Interesse der PE, ihrer. Glaubwürdigkeit und Akzeptanz, wenn es gelingt, durch neue Forschungsansätze und überzeugende Lösungsvorschläge die PE als anerkanntes Führungsinstrument zu positionieren. Gleichzeitig sollte es möglich sein, die „ideologischen Gegensätze" zwischen Theorie und Praxis zu überwinden und durch gemeinsame, konzertierte Anstrengungen die PE inhaltlich und methodisch weiterzuentwickeln.

Zweifelsohne ist die PE eine Disziplin, die sich ständig hinsichtlich ihrer Relevanz und Alltagstauglichkeit in den Unternehmen bewähren muss. Vor dem Hintergrund kontinuierlicher Veränderungen ist es deshalb ihre Aufgabe, neue Konzepte und Lösungsmöglichkeiten zu entwickeln, ohne jedoch sich selbst infrage zu stellen. Gleichzeitig gilt es, theoretische Modelle zu generieren und sie in Bezug auf ihre Praktikabilität selbstkritisch zu überprüfen. In diesem Sinne ist es gerade auf dem Gebiet der PE von besonderer Bedeutung, dass Theorie und Praxis eine Symbiose eingehen, die für beide Seiten als ein konstruktives, partnerschaftliches Verhältnis beschrieben werden kann.

Es wäre daher zu wünschen, wenn die nachfolgenden Ausführungen dazu beitragen, das Verständnis von PE im engeren Sinne, d. h. Aus-, Fort- und Weiterbildung, in der Theorie und in der Praxis von einem ganzheitlichen Verständnis der PE als Instrument der Unternehmens- und Mitarbeiterentwicklung abzulösen.[1]

Dietzenbach   Dr. Alexandra Schüll
Juni 2020

---

[1]Aus Vereinfachungsgründen wird in der vorliegenden Publikation die maskuline Bezeichnung gewählt, obwohl damit gleichermaßen auch die feminine Form zum Ausdruck gebracht werden soll.

Inhaltsverzeichnis

Über den Autor

Dr. Alexandra Schüll Das Studium der Arbeits-
und Organisationspsychologie an der Goethe-Universität Frankfurt hat Frau Dr. Schüll als Diplom-Psychologin 2012 abgeschlossen. Seither ist sie freiberuflich für Personalberatungen im Executive-Search-Bereich tätig. Darüber hinaus promovierte sie von 03/2013 bis 11/2018 an der Universität Regensburg am Lehrstuhl für Sozial-, Arbeits-, Organisations- und Wirtschaftspsychologie bei Univ.-Prof. Dr. Peter Fischer. Titel ihrer Dissertation: Die Auswirkungen der Interdependenzen zwischen Einstellungen, Akzeptanz und Implementierung auf die Personalentwicklung im Unternehmen. Abschluss-Note: magna cum laude.

Als selbstständige Beraterin ist Frau Dr. Schüll im Bereich Personal- und Organisationsentwicklung mit dem Schwerpunkt konzeptionell-strategische Planung, Organisation und Implementierung tätig. Ihre weiteren Aufgaben sind: Mithilfe bei der Planung und Durchführung der Führungskräfteentwicklung, Talentmanagement sowie von Change-Management-Prozessen. Darüber hinaus berät sie bei der Konzeption von personal- und organisationspsychologischen Testverfahren bzw. eignungsdiagnostischen Auswahlverfahren wie auch bei der Organisation und Durchführung von

Mitarbeiterbefragungen, bzw. Moderation und Begleitung von Workshops und Management Audits.

Kontakt: Frau Dr. Alexandra Schüll, Feldstraße 63, 63128 Dietzenbach,
Phone: 0151 53393133 bzw. +49 6074 309959
E-Mail: alexandrasch811@yahoo.de

Personalentwicklung 4.0

1

Die fortschreitende Technologisierung bzw. Digitalisierung – Stichwort Industrie 4.0 und Arbeitswelt 4.0 -, die Veränderung der Konsum- und Verbrauchergewohnheiten, die Globalisierung der Weltwirtschaft, die Verschärfung der Wettbewerbsbedingungen, zunehmende Komplexität der Arbeitsbedingungen und -abläufe, die veränderte Halbwertzeit des Wissens, politische Instabilitäten, gesellschaftlicher Wertewandel und steigendes Umweltbewusstsein (vgl. Windhagen et al. 2013, S. 47 ff.) sind Kennzeichen eines tief greifenden Transformationsprozesses. Für die Unternehmensführung bedeutet dies marktorientiert zu denken und zu handeln, Tendenzen, Trends und Marktentwicklungen frühzeitig zu erkennen, neue Konsum- und Verbrauchergewohnheiten aufzuspüren und in kundenspezifische Produktkonzepte zu transformieren. Gleichzeitig gilt es, die Wettbewerbsfähigkeit zu stärken und durch eine ausgewogene Kosten- und Ergebnissituation die Zukunft des Unternehmens und die Sicherheit der Arbeitsplätze zu gewährleisten.

Für das Unternehmen und seine Mitarbeiter bedeutet der digitale Transformationsprozess einen Paradigmenwechsel dahin gehend, dass alles Bisherige infrage gestellt und in Bezug auf seine Daseinsberechtigung in der digitalen Welt überprüft wird. Dabei wird man feststellen, dass diese teilweise fundamentalen Veränderungen mit einer Neuordnung der Unternehmenskultur und verstärkten Anstrengungen in der Kompetenzentwicklung nicht zu bewältigen sind. Für diese Zukunftsaufgaben benötigt das Unternehmen nicht mehr den Mitarbeiter alter Prägung, sondern einen Mitarbeiter der im Sinne des Unternehmens denkt und handelt, der bereit ist, seine Fähigkeiten und Kompetenzen, sein Wissen und Können zum Wohle des Unternehmens einzusetzen.

Diese Herausforderungen durch Industrie 4.0 und Personal 4.0 muss die PE annehmen, will sie nicht an Bedeutung und Glaubwürdigkeit verlieren.

© Der/die Herausgeber bzw. der/die Autor(en), exklusiv lizenziert durch Springer Fachmedien Wiesbaden GmbH, ein Teil von Springer Nature 2020
A. Schüll, *Das Triade-Konzept der Personalentwicklung,* essentials,
https://doi.org/10.1007/978-3-658-31460-6_1

1

Denn gerade in der Industrie, in der eine Tendenz besteht, permanent rendite-schwache Bereiche zu überprüfen und Maßnahmen, die zur Wertschöpfung des Unternehmens keinen Beitrag leisten extern auszugliedern, wird die Personal-entwicklung aus der Perspektive von Aufwand und Nutzen besonders kritisch gesehen. „PE darf deshalb nicht allein als eine isolierte Spezialaufgabe gesehen werden, die lediglich die Qualifikationsverbesserung anstrebt. Ähnlich dem Marketing-Gedanken muss PE als eine personalwirtschaftliche Querfunktion aufgefasst werden, die alle personalbezogenen Aktivitäten begleitet. Zugespitzt formuliert: Man kann nicht nicht PE betreiben." (Neuberger 1994, S. 157). Der Stellenwert, die Bedeutung und die Akzeptanz von Personalentwicklung/ Organisationsentwicklung (PE/OE) im Unternehmen wird daher in wesent-lichen Dingen davon abhängig sein inwieweit es gelingt, durch neue strategische Konzepte, zukunftsorientierte Lösungsvorschläge und mitarbeiterorientierte Maßnahmen einen signifikanten Beitrag zur Wertschöpfung des Unternehmens zu leisten und damit den Erwartungen gerecht zu werden (vgl. Heyse 2006, S. 17 ff.).

Gleichzeitig muss aber auch die inhaltliche und konzeptionelle Gestaltung der PE an den neuen Gegebenheiten ausgerichtet werden. Die nur auf die Ver-mittlung von qualifikatorischen Sachverhalten orientierte PE entspricht nicht mehr den Standards von heute und insbesondere von morgen, „bei dem es um Sensorik, Auto-ID-Technologien, Robotics, Automatisierung, IT-Systemtechnik, Virtualisierungs- und Simulationstechniken, Datenanalyse, Big Data, Internet-technologien und Cloud-Computing geht." (Bertenrath et al. 2016, S. 3).

Aus diesem veränderten Anforderungs- und Aufgabenprofil der PE ergibt sich zwangsläufig die Konsequenz einer konzeptionellen Neuordnung, in dem das Wesen, ihre Inhalte, ihr Rollenverständnis und ihre Bedeutung neu definiert und zielgerichtet an den Erfordernissen des Unternehmens ausgerichtet werden. Spätestens in dieser Phase der Restrukturierung wird deutlich, dass PE bei einer sehr restriktiven Auslegung der Funktionen auf die Aus-, Fort- und Weiterbildung und „Aufgrund der genannten Komplexität und Veränderungsdynamik, die bei den Betroffenen nicht selten in eher negativer Form als ein von Diskontinui-tät und Intransparenz geprägter Prozess wahrgenommen wird, die traditionellen Ansätze der betrieblichen Personalentwicklung (PE) mittlerweile zu kurz greifen." (Mudra 2004, S. 3).

Das Konzept der triadischen Beziehungen in der Personalentwicklung

2

In dem Konzept der triadischen Beziehungen wird nun zu erklären sein, welche Interdependenzen und korrelativen Zusammenhänge zwischen den einzelnen Gestaltungselementen bestehen, welche essenziellen Grundlagen vorhanden sein müssen und welche Maßnahmen zur Verfügung stehen. Einerseits, um die PE für die Unternehmensführung zu einem geschätzten und anerkannten Instrument der Personalführung zu machen und andererseits, für die Mitarbeiter die ideellen und materiellen Anreize zu schaffen, sich mit dem Unternehmen zu identifizieren und ihre vorhandenen Fähigkeiten und Möglichkeiten einzubringen.

Vor dem Hintergrund der bisherigen Erläuterungen und zum besseren Verständnis der weiteren Ausführungen soll daher nun die folgende Begriffsdefinition die Grundlage bilden:

> *Personalentwicklung ist eine*
>
> 1. ***Konzeption der Unternehmensführung,*** *bei der die unternehmens- und personalbezogenen Instrumente, Maßnahmen und Aktivitäten*
> 2. ***ganzheitlich und nachhaltig*** *– unter Berücksichtigung und Abwägung der*
> 3. ***Mitarbeiterinteressen*** *– konsequent auf die Erreichung der*
> 4. ***gegenwärtigen und zukünftigen Unternehmensziele*** *ausgerichtet werden.*[1]

---

[1] In Anlehnung an die Marketing-Definition von Bidlingmaier: „Marketing ist eine Konzeption der Unternehmensführung, bei der im Interesse der Erreichung der Unternehmensziele alle betrieblichen Aktivitäten auf die gegenwärtigen und zukünftigen Erfordernisse der Märkte ausgerichtet werden." (1973, S. 15).

A. Schüll, *Das Triade-Konzept der Personalentwicklung*, essentials, https://doi.org/10.1007/978-3-658-31460-6_2

Das in den nachfolgenden Ausführungen vorgestellte Konzept der triadischen Beziehungen (siehe Abb. 2.1) soll die Lücke zwischen der vereinfachenden Darstellung der PE als Instrument zur Aus-, Fort- und Weiterbildung und den relevanten Einflussfaktoren im Sinne einer ganzheitlichen Personalentwicklung schließen. Das Triade-Konzept (blaue Markierung) beinhaltet die fundamentalen Elemente: Einstellungen – Akzeptanz – Implementierung. Sie bilden die Grundlage für eine erfolgreiche PE und stehen in einer engen Wechselbeziehung zueinander. Gleichzeitig steht es außer Frage, dass eine leistungsfähige und effektive PE mit den Einstellungen und der Akzeptanz ein hohes Maß an Interdependenz aufweist und zur Implementierung in sehr enger korrelativer Beziehung steht.

Diese horizontalen Wechselbeziehungen zwischen den fundamentalen Faktoren sind in vertikaler Interdependenz mit den gestaltenden Elementen in Form der unternehmensbezogenen (grüner Hintergrund) bzw. mitarbeiterbezogenen (gelber Hintergrund) Einflussfaktoren verbunden und stehen in einem interaktiven Verhältnis zueinander. Dies bedeutet, dass die fundamentalen Elemente Einstellungen – Akzeptanz – Implementierung die Summe/das Produkt der positiven/negativen unternehmens-/mitarbeiterbezogenen Einflussfaktoren sind. So wirkt sich beispielsweise ein schlechtes Betriebsklima destruktiv auf die Einstellung zur PE und evtl. auch auf die Akzeptanz der PE aus, wie ebenso ein hohes Maß an Arbeitsunzufriedenheit nicht nur das Betriebsklima negativ beeinträchtigen kann, sondern darüber hinaus noch andere Faktoren negativ tangiert.

Ergänzt wird dieses Geflecht von interaktiven Beziehungen, Abhängigkeiten und Interdependenzen durch den funktionalen Zusammenhang weiterer unternehmens- und mitarbeiterbezogener PE-Maßnahmen (gelber Hintergrund). Einzelne Instrumente, wie z. B. mitarbeiterorientierte Personal- und Sozialpolitik, Mitarbeitergespräche, Trainee-/Förderprogramme, Job Enlargement und Job Enrichment, berufliche Entwicklungsmöglichkeiten usw., sind bestens geeignet, um in positiver Weise eine konstruktive Stimmung zu erzeugen und über Zufriedenheit, Motivation und Identifikation der Mitarbeiter die Implementierung, die Akzeptanz und die Einstellungen zur Personalentwicklung nachhaltig zu verändern.

2.1 Die fundamentalen Elemente des Triade-Konzeptes

Sicher bedeutet jeder Veränderungsprozess (Frey et al. 2008, S. 281 ff.), dass alte Gewohnheiten, Verfahren und Arbeitsabläufe verändert, neu strukturiert oder eventuell neu organisiert werden. Damit entstehen neue Aufgaben mit

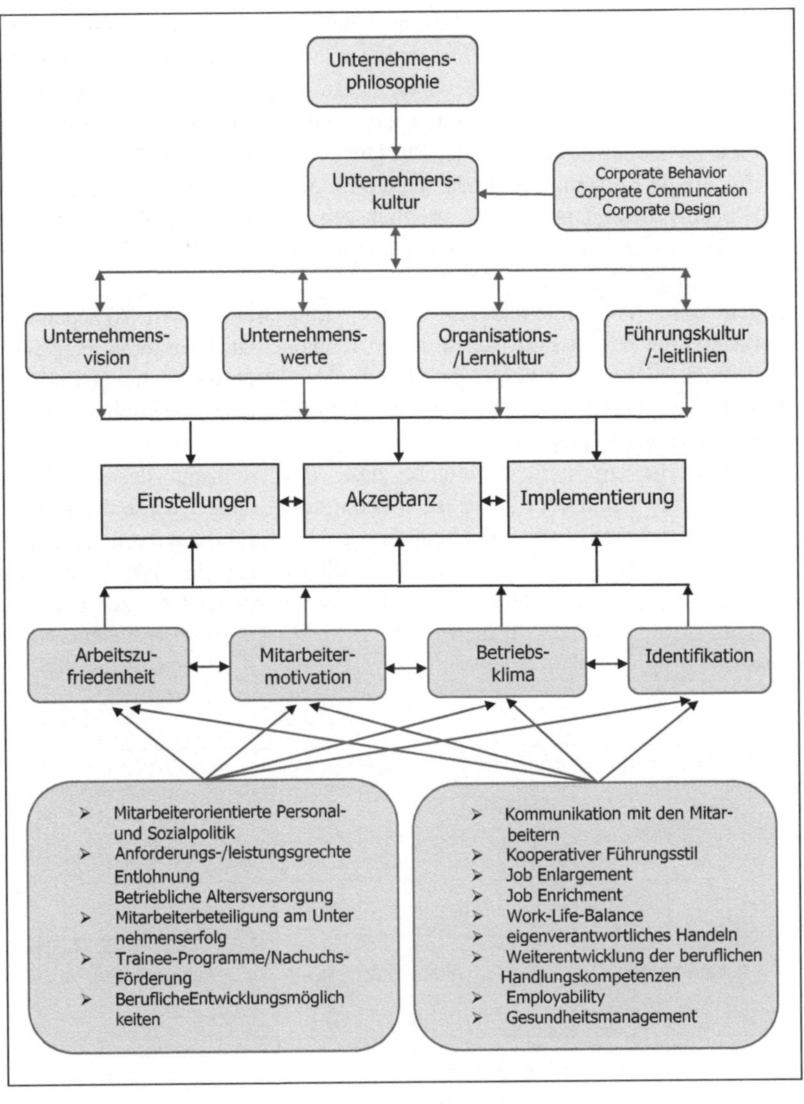

Abb. 2.1 Das Konzept der triadischen Beziehungen in der Personalentwicklung. (Eigene Darstellung)

neuen Anforderungen und vielleicht einem neuen Arbeitsumfeld. Neuen beruflichen Herausforderungen steht eine abwartende, reservierte Haltung gegenüber dem Neuen und Ungewissen gegenüber. Diese destruktive Einstellung zu Veränderungen auszuschalten und in eine positive Geisteshaltung zu transformieren, das ist die wesentlichste Aufgabe der PE. Die konstruktive Einstellung zur PE ist daher im Triade-Konzept das fundamentale Element. Nur wenn die Einstellung zur PE positiv besetzt ist wird es möglich sein, ein Höchstmaß an Akzeptanz bei den Beteiligten der PE zu erzeugen und damit die Implementierung der PE erfolgreich zu gestalten (siehe Abb. 2.2).

Durch ihre Abstrahleffekte zwischen Einstellungen – Akzeptanz – Implementierung bestehen zwischen diesen fundamentalen Faktoren enge Interdependenzen. Dies hat zur Folge, dass durch diese Wechselbeziehungen positive resp. negative Veränderungen sofort die entsprechenden Reaktionen bei den anderen Elementen auslösen.

Weiterhin ist zu berücksichtigen, dass das Konzept der triadischen Beziehungen nicht statischer Natur ist, sondern durch seine Wechselbeziehungen mit den unternehmens-bzw. mitarbeiterbezogenen Einflussfaktoren dynamisch auf Änderungen reagiert. Durch diese Verflechtungen in horizontaler und vertikaler Beziehung und dem hohen Maß an Interdependenz zwischen den einzelnen Faktoren entsteht für die PE eine Basis für konstruktive Veränderungsprozesse.

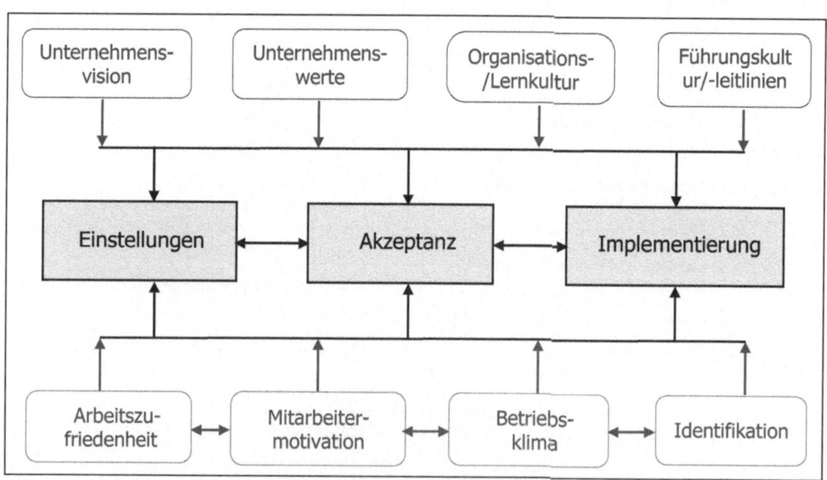

Abb. 2.2 Die fundamentalen Elemente des Triade-Konzeptes. (Eigene Darstellung)

2.1.1   Die Wertigkeit der Einstellungen für die PE

Das Wertesystem[2] der Mitarbeiter stellt für das Unternehmen und die PE ein wesentlicher Faktor dar. Nicht nur weil die positiven Einstellungen[3] der Beschäftigten einen maßgeblichen Beitrag zum Aufbau und zur Pflege der Unternehmenskultur leisten, sondern auch weil durch ihre Identifikation der Erfolg des Unternehmens nachhaltig tangiert wird. Die nahezu vollständige Übereinstimmung der Unternehmenswerte und den damit explizit zum Ausdruck gebrachten Normen des Unternehmens einerseits und den Einstellungen, Wünschen und Vorstellungen der Mitarbeiter andererseits wird jedoch in der Praxis nahezu illusorisch sein. Von der Unternehmenslinie abweichende Zielvorstellungen und Meinungen der Beschäftigten werden durch das Management insoweit berücksichtigt, solange sie nicht diametral zu den fundamentalen Interessen des Unternehmens gerichtet sind. Soziale Konflikte und Interessensgegensätze können jedoch im Verhältnis von jüngeren zu älteren bzw. langjährigen zu neu hinzu gekommenen Mitarbeitern entstehen. Neuen, modernen bzw. zukunftsorientierten Ideen stehen oftmals tradierte, veraltete bzw. überholte Sichtweisen, Meinungen und Einstellungen gegenüber, die durch eine mitarbeiterorientierte Personal- und Sozialpolitik zwar nicht eliminiert, aber doch auf ein vertretbares Maß reduziert werden können.

Ausgangspunkt für die Entwicklung des Konzeptes der triadischen Beziehungen ist daher die Tatsache, dass die Einstellungen der am Prozess der PE beteiligten Institutionen von ausschlaggebender Bedeutung sind. Wenn beispielsweise aufgrund bisher negativer Erfahrungen mit der PE die Mitarbeiter der Überzeugung sind, PE ist sinnlos, weil es für sie keinerlei Nutzen stiftet bzw. konkrete Vorteile hat, so sind durch diese negativen Einstellungen alle PE-Bemühungen von vornherein zum Scheitern verurteilt.

Wie wichtig und wertvoll positive Einstellungen zum Unternehmen und zur PE sind, welche positive Abstrahleffekte sich daraus ergeben und welcher ideelle

---

[2]Staehle ist der Auffassung: „Das individuelle Wertsystem und die Einstellungen eines Menschen prägen ganz entscheidend die Wahrnehmung seiner Umwelt, von Handlungsalternativen und von Handlungsfolgen, und somit sein Entscheidungsverhalten." (1999, S. 171 f.).

[3]„Unter Einstellung sei die Bereitschaft (Disposition) einer Person verstanden, Gegenstände ihrer Erfahrungswelt in charakteristischer Weise aufzufassen, zu bewerten und zu behandeln." (Brandstätter 1992, S. 49 f.).

und materielle Wert aus einer konstruktiven Einstellung der Mitarbeiter resultiert, soll durch die nachfolgende, exemplarische Auflistung verdeutlicht werden:

- Steigerung des Unternehmens-Images, Verbesserung der Corporate Identity und positive Beeinflussung des Employer Branding;
- Durch die Identifikation mit den Zielen und Werten des Unternehmens entstehen positive Abstrahleffekte im Innen- und Außenverhältnis;
- Unternehmerisches Denken und Handeln der Mitarbeiter wird angeregt, einen Beitrag zum Unternehmenserfolg zu leisten;
- Die Mitarbeitermotivation und die Arbeitszufriedenheit werden nachhaltig gestärkt;
- Ein gutes Betriebsklima verbessert die Bereitschaft zur Zusammenarbeit, fördert das abteilungsübergreifende Denken und festigt das gegenseitige Vertrauen;
- Bereitschaft zum Lernen und zur permanenten Weiterentwicklung wird generiert, PE wird als Instrument und Chance zur Gestaltung der beruflichen Zukunft gesehen.

Nun wird die PE in ihrem Bemühen, Unternehmen und Mitarbeiter an einem gemeinsamen Wertekanon auszurichten und die Wertvorstellungen auf eine einheitliche, von beiden Seiten als verbindlich akzeptierte Linie zu fixieren (vgl. Becker 2009, S. 90 f.), nicht diesen idealtypischen Zustand vorfinden. Zu oft sind die Einstellungen aufgrund bisheriger Berufserfahrung geprägt und haben sich im Laufe der Zeit verfestigt. Eine der vordringlichen Aufgaben der PE ist daher nicht alleine die Tatsache, die Leistungsfähigkeit der Mitarbeiter im Sinne des Unternehmens weiter zu entwickeln, „sondern auch die Formung von Einstellungen, mit denen Mitarbeiter ihrer Aufgabe, ihren Kollegen und Vorgesetzten oder dem Unternehmen insgesamt begegnen (…)." (Brandstätter 1992, S. 49).

Die Einstellungsänderung der Mitarbeiter ist jedoch ein Prozess, der nicht kurzfristiger Natur, sondern langfristig auf die Entwicklung der Beschäftigten ausgerichtet ist und darüber hinaus finanzielle und personelle Ressourcen erfordert, um eine substanzielle Bewusstseinsveränderung herbeiführen zu können. Oder wie es Fischer/Wiswede treffend formulieren: „Einstellungen entstehen durch **Lernprozesse.**" (2009, S. 235). Der Schwerpunkt der strategischen Aufgaben der PE liegt daher in der bewussten Ausrichtung der Einstellungsstruktur der Mitarbeiter auf die formulierten Grundwerte des Unternehmens. Hierzu stehen der PE vielfältige Instrumente und Maßnahmen zur Verfügung (vgl. Frey et al. 2005, S. 56 ff.).

Wie wertvoll die positiven Grundeinstellungen der Mitarbeiter gegenüber dem Unternehmen sein können, das zeigt sich besonders deutlich im Triade-Konzept. Einstellungen beeinflussen in direkter Weise die Akzeptanz und damit die Implementierung in die normativen, strategischen und operativen Informations- und Entscheidungsprozesse des Unternehmens. Durch die horizontale Korrelation einerseits und den vertikalen Interdependenzen zu den unternehmens- und mitarbeiterbezogenen Einflussfaktoren andererseits besteht eine ständige Austauschbeziehung, wobei die Einstellungen eine zentrale Rolle in diesen Wechselbeziehungen spielen.

2.1.2   Akzeptanz als steuerndes Regulativ

Mit dem Eintritt in ein neues Unternehmen beginnt in der Regel für den Mitarbeiter ein Adaptionsprozess, der sich über weite Bereiche seines physischen und psychischen Zustandes erstrecken kann. Neue Aufgaben stellen neue Anforderungen an die beruflichen Qualifikationen, an die körperliche Leistungsfähigkeit und seine psychischen Fähigkeiten, sich der neuen Arbeitsumwelt, den neuen Kollegen, neuen Umgangsformen und Verhaltensweisen anzupassen. Eine neue Unternehmenskultur, die neue Werte und Einstellungen vermittelt, muss erst noch mit den individuellen Vorstellungen und dem Wertesystem in Einklang gebracht werden. Es ist eine Phase in der beide Seiten, Unternehmen und Mitarbeiter, sich gegenseitig prüfen, ob ein dauerhaftes Arbeitsverhältnis sinnvoll bzw. eine Integration in den unternehmerischen Arbeitsprozess möglich ist. Für den Mitarbeiter bedeutet dies häufig, von vertrauten Gewohnheiten und Einstellungen Abstand zu nehmen und die neue Situation zu akzeptieren.

Dieser, mehr oder weniger, schwierige Anpassungsprozess für den neuen Mitarbeiter ist auch für die PE eine strategisch wichtige Phase, bei der bereits in der Einarbeitungsphase durch eine mitarbeiterorientierte Willkommenskultur das Gefühl vermittelt wird, Willkommen zu sein. Dies beginnt mit dem entsprechenden Einarbeitungsplan und dem richtigen Ansprechpartner und setzt sich mit den weiteren Entwicklungsphasen fort. Der Mitarbeiter wird vor allen Dingen lernen müssen, welche Besonderheiten und Gesetzmäßigkeiten zu beachten, welche gruppenspezifischen Eigenarten wichtig und welche Regularien einzuhalten sind. Dies bedeutet für ihn, bisherige Meinungen, Einstellungen und Verhaltensgewohnheiten auf ihre Gültigkeit zu überprüfen und sie den neuen Gegebenheiten anzupassen.

Es ist jedoch nicht im Sinne des Unternehmens, wenn Mitarbeiter durch gruppendynamische Anpassungsprozesse (vgl. Fischer et al. 2013, S. 130 ff.) in ihrer beruflichen Entwicklung behindert werden und aus Sorge um Mobbing am

Arbeitsplatz sowie ihre Akzeptanz bei ihren Arbeitskollegen und Vorgesetzten bewusst zurückhaltend agieren. Daher muss es ganz besonders im Interesse der PE sein, wenn die Mitarbeiter das Gefühl und die Sicherheit haben, dass auch unterschiedliche Meinungen und Auffassungen akzeptiert und toleriert werden.

Schließlich ist es im Sinne des Unternehmens, wenn die Mitarbeiter kritisch und analytisch bisherige technische Standards, Methoden und Arbeitsabläufe hinterfragen und konstruktive Ideen und Vorschläge unterbreiten. So erreichen bereits viele Unternehmen beträchtliche Erfolge durch ein betriebliches Vorschlagswesen bzw. professionelles Ideenmanagement. Um jedoch die Mitarbeiter zum Mitdenken und zum Mitmachen anzuregen, sich stärker als bisher mit ihrer beruflichen Kompetenz und fachlichen Autorität in das betriebliche Geschehen zu engagieren und als Intrapreneur zu agieren, sind die folgenden Grundvoraussetzungen erforderlich:

1. Durch die Unternehmenskultur und die Unternehmenswerte wird den Mitarbeitern vermittelt, dass konstruktives Denken und Handeln gewünscht und auch gefördert wird;
2. Toleranz und Akzeptanz sind wesentliche Merkmale des Unternehmens. Achtung und Wertschätzung für den einzelnen Mitarbeiter sind die Basis für eine vertrauensvolle Zusammenarbeit;
3. Eine entsprechend ausgerichtete Führungskultur soll dazu beitragen, dass die Mitarbeiter die erforderlichen Gestaltungsspielräume erhalten, um sich beruflich entfalten zu können (vgl. Prümper und Becker 2011, S. 37 ff.).

Der Aufbau und die Pflege der gewünschten Akzeptanzkultur als Grundlage einer kontinuierlichen Weiterentwicklung des Unternehmens ist primär Aufgabe der Unternehmensführung. Es muss ihr bewusst sein, dass dieser Entwicklungsprozess sich über alle Hierarchieebenen des Unternehmens erstreckt und Bestandteil eines permanenten Wandels ist. Dies bedeutet für das Management, dass es ebenso seiner Vorbildfunktion gerecht wird und als besonderes Merkmal des Personalmanagements nicht nur nach außen, sondern auch gegenüber den Mitarbeitern die besondere Achtung und Wertschätzung zum Ausdruck gebracht werden, gleichgültig welcher Hautfarbe, Religion, Geschlecht, sozialer oder ethnischer Herkunft, Alter oder sexueller Heterogenität sie sind. Aber auch der in letzter Zeit populär gewordene Begriff der Geschlechter-Gleichstellung (Gender-Mainstreaming) insbesondere bei der Besetzung von Führungspositionen kann ein Zeichen dafür sein, dass Toleranz und Akzeptanz einen hohen Stellenwert im Unternehmen besitzen (vgl. Kürschner und Combopiano 2014, S. 47; IWD-Nr. 45 2012).

Eine unternehmensfreundliche Einstellung wie auch Akzeptanz ist aber ebenso bei den Mitarbeitern einzufordern. Dies beginnt bei der Identifikation mit den Unternehmenszielen und -werten und setzt sich bei der Transformation der Richtlinien und Verhaltensregeln am Arbeitsplatz und im tagtäglichen Umgang mit seinen Arbeitskollegen fort. Inwieweit Unternehmenskultur und Akzeptanzkultur zur Regel geworden ist und im Arbeitsleben auch praktiziert wird, das zeigt sich am deutlichsten beim Betriebsklima, das als Gradmesser für den atmosphärischen Zustand des Unternehmens zu bezeichnen ist.

2.1.3 Implementierung der PE im Unternehmen

Mit der Entscheidung der Unternehmensführung, die PE als Instrument der Unternehmens-, Organisations- und Mitarbeiterentwicklung in die Unternehmenskonzeption einzuordnen, müssen die entsprechenden Weichenstellungen vorgenommen werden, um die Effektivität und Effizienz der PE sicherzustellen. Die Frage der Implementierung der PE ist grundsätzlich von vier wesentlichen Faktoren abhängig:

1. Ist die PE bereits im Unternehmen integraler Bestandteil und wenn ja, in welchem Reifegrad befindet sie sich (vgl. Kraft 2001, S. 584 ff.). Die Anwendung in einem Unternehmen und bei den Mitarbeitern, die nur sporadische Erfahrungen mit der PE gemacht haben, wird vergleichbar sein mit einem Veränderungsprozess (vgl. Flenner und Mühlemeyer 2002, S. 24), bei dem sich die Beteiligten mit neuen Verhaltensweisen, Denkmustern, Einstellungen und Verfahrensabläufen konfrontiert sehen. Anstelle positiver Einstellung gegenüber der PE kann Ablehnung, destruktive Einstellung und Reaktanz entstehen, die eine Installation erheblich erschweren, wenn nicht sogar unmöglich machen.
2. Die Implementierung der PE und der damit einhergehende Veränderungsprozess kann nicht ad hoc, sondern muss sukzessive über einen definierten Zeitraum erfolgen. Durch die gemeinsame Erarbeitung neuer Verhaltensmuster und Einbindung der Mitarbeiter in die Verantwortung wird eine neue Bewusstseinsebene geschaffen.
3. Die Bereitschaft und die Einsicht des Managements in die Notwendigkeit einer leistungs- und handlungsfähigen PE bildet die Basis für eine erfolgreiche Implementierung. Das konsequente Handeln und die Identifikation mit den Zielen und Aufgaben der PE, aber auch die aktive Unterstützung bei der Durchführung strategischer und operativer PE-Projekte erzeugt das Vertrauen

und die Glaubwürdigkeit, um den Wandel in der Unternehmenskultur und die Integration der PE zu forcieren.

4. Abhängig von der Größe des Unternehmens und dem Umfang der PE benötigt die zielgerichtete Implementierung die erforderliche personelle Ausstattung, den notwendigen finanziellen Handlungsspielraum und ein gewisses Maß an Entscheidungskompetenz. Alle drei Faktoren stellen notwendige Bedingungen dar, die den Erfolg oder auch Misserfolg erheblich beeinflussen können.

Ihrem Anspruch, durch systematische, planmäßige und ganzheitliche Arbeitsweise zur Zielerreichung des Unternehmens beizutragen, kann die PE nur gerecht werden, wenn sie in die betriebliche Organisationstruktur so involviert ist, dass sie weisungsgemäß ihre Aufgaben erfüllen kann. Die Eingliederung in die Unternehmenskonzeption kann daher nur der Anfang zur Implementierung der PE im Unternehmen sein. Der nächste Schritt zur vollständigen Integration stellt die Einbindung in den Planungs-, Informations- und Entscheidungsprozess dar.

2.2 Die gestaltenden Elemente des Triade-Konzeptes

Die bisherigen Ausführungen bezogen sich auf die fundamentalen Elemente des Triade-Konzeptes und sollten erklären, welche Interdependenzen zwischen Einstellungen, Akzeptanz und Implementierung bestehen. Nun wurde bereits deutlich, dass zwischen den fundamentalen und den gestaltenden Elementen wiederum sehr enge Wechselbeziehungen bestehen und diese durch die beteiligten Institutionen an der PE beeinflusst werden.

Die PE bietet in ihrem gesamten Leistungsspektrum eine Vielzahl von Handlungskomponenten, Einflussfaktoren, Instrumente und Maßnahmen an, um die beruflichen Qualifikationen und Kompetenzen der Mitarbeiter den gegenwärtigen und zukünftigen Erfordernissen anzupassen. Um die Leistungsfähigkeit der PE zu steigern, wird das Unternehmen daher die Instrumente und Maßnahmen einsetzen, die aus seiner Sicht geeignet sind, unter Berücksichtigung von einem Minimum an Aufwand und einem Maximum an Zielerreichung zur Aufgabenerfüllung beizutragen.

In diesem Sinne ist die PE mit dem Marketinggedanken vergleichbar, bei dem das Unternehmen ebenfalls bestrebt ist, aus dem vorhandenen Marketinginstrumentarium ein Mix an Instrumenten und Maßnahmen auszuwählen, die im Hinblick auf die Erreichung der Unternehmensziele und Unterstützung der Marketingstrategie das wirtschaftliche Optimum darstellen (vgl. Meffert et al. 2015, S. 22 f., 781 ff.). Eine Analogie zur PE besteht ebenfalls zwischen den

Instrumenten und ihren Wirkungszusammenhängen, die es bei der Auswahl zu berücksichtigen gilt. „Die Berücksichtigung derartiger Interdependenzen ist bei der Festlegung des Marketing-Mix von zentraler Bedeutung, da von ihnen ein erheblicher Einfluss auf die Effizienz (Input-Output-Verhältnis) und Effektivität (Zielerreichungsgrad) des gesamten Marketing-Mix ausgeht." (ebenda, S. 781).

2.2.1 Mitarbeiterbezogene Einflussfaktoren

Welche Faktoren letztendlich die Einstellungen und das Akzeptanzverhalten der Mitarbeiter in ihrem Verhältnis zur PE wesentlich prägen, das wird sich nur ermitteln lassen, indem ihre Wünsche und Vorstellungen durch eine Mitarbeiterbefragung ermittelt und die Ergebnisse in der konzeptionellen Ausgestaltung der PE ihren Niederschlag finden. Zwar sind die Arbeitszufriedenheit, die Mitarbeitermotivation, das Betriebsklima und die Identifikation mit dem Unternehmen wesentliche, mitarbeiterinduzierte Bestimmungsfaktoren. Aber es darf, wie bereits bei den fundamentalen Elementen erwähnt, nicht außer Acht gelassen werden, dass die Gestaltungselemente in ihrer Ausprägung (positiv oder negativ) das Ergebnis eines Prozesses sind, der über einen gewissen Zeitraum stattfindet oder auch stattgefunden hat und in dessen Verlauf Management und Mitarbeiter, aber auch andere Faktoren eine wesentliche Rolle gespielt haben.

In dem Triade-Konzept (siehe Abb. 2.3)[4] wird insbesondere deutlich, dass ein korrelativer Zusammenhang zwischen diesen vier Gestaltungsfaktoren besteht und diese wiederum in einem ausgeprägten Abhängigkeitsverhältnis zu den darunter aufgeführten PE-Maßnahmen stehen. Eine grundlegende Weichenstellung der fundamentalen Elemente ist daher nur möglich, wenn über die Neu-Gestaltung der PE-Instrumente und -Maßnahmen eine positive Einflussnahme auf die gestaltenden Handlungskomponenten erfolgt. Durch die enge Verflechtung zwischen den mitarbeiterbezogenen Faktoren wirken sich beispielsweise spürbare Verbesserungen in den betrieblichen Sozialleistungen (Urlaubs-, Weihnachtsgeld) unmittelbar und wahrnehmbar auf die vier Faktoren aus.

---

[4]Es würde den Rahmen der bildlichen Darstellung des Konzeptes sprengen, alle verfügbaren PE-Instrumente und -Maßnahmen mit dem Anspruch auf Vollständigkeit aufzuführen. So zählt beispielsweise Neuberger in einem Überblick 30 wichtige Methoden der PE auf. (vgl. 1994, S. 176 ff.). Die in der Abb. 2.3 aufgeführten PE-Instrumente stellen daher nur eine exemplarische Auswahl dar.

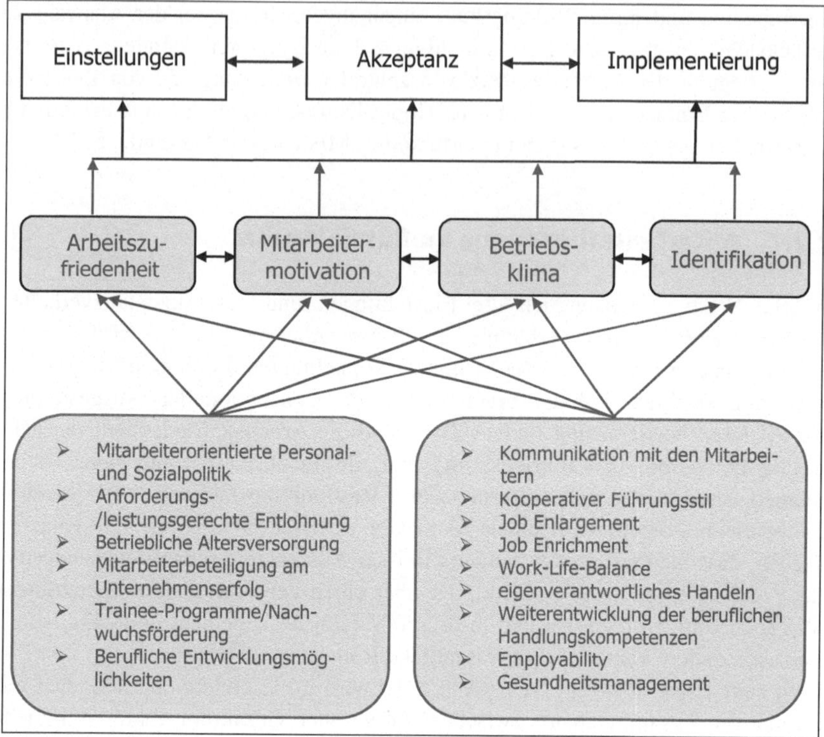

Abb. 2.3 Die mitarbeiterbezogenen Einflussfaktoren des Triade-Konzeptes. (Eigene Darstellung)

2.2.1.1 Die Relevanz der Arbeitszufriedenheit

Der Begriff Zufriedenheit bzw. Arbeitszufriedenheit (AZ)[5] ist zwar in seiner Ausprägung sehr abstrakt und subjektiv und es wird nahezu unmöglich sein, ihn nach objektiven Kriterien umfassend zu beschreiben, wann ist der Grad an Zufriedenheit erreicht bzw. nicht. Denn zu viele Imponderabilien sind letztlich für eine hohe oder niedrige AZ von Bedeutung. Die Bandbreite reicht von der

---

[5]Aufgrund der Vielfalt an Interpretationen zur AZ soll für die weiteren Ausführungen folgende Definition zugrunde gelegt werden: „(…) dass Arbeitszufriedenheit die Einstellung des Mitarbeiters gegenüber seiner Arbeit insgesamt oder gegenüber einzelnen Facetten der Arbeit erfasst." (Felfe 2012a, S. 145 f.).

individuellen Bedürfnisstruktur, dem sozialen Status, persönlichem Anspruchs-denken, Schul- und Berufsausbildung, eigenen Wertvorstellungen bis hin zu den individuellen Erwartungen an die berufliche Zukunft, den eigenen Arbeitsplatz, das Arbeitsumfeld und die Leistungen des Unternehmens (vgl. Brenke 2015, S. 718 f.).

Geht man davon aus, dass Einstellungen ein relativ stabiles System von Handlungsprädispositionen darstellen, die dominant die AZ beeinflussen, so kann man auch erwarten, dass die AZ im Zeitablauf ebenso stabil ist und nur in Abhängigkeit im Prozess von langfristigen Einstellungsänderungen zyklischen Schwankungen unterliegt (vgl. Staehle 1999, S. 256). Insbesondere die wirtschaftliche Entwicklung der letzten Jahre und die damit verbundenen, ver-schärften Wettbewerbsbedingungen lassen den Schluss zu, dass dadurch die AZ mit einer zeitlichen Verzögerung sich ebenso periodisch verändert. Nach dem Motto: In wirtschaftlich guten Zeiten sind die Mitarbeiter zufrieden, in schlechten Zeiten sind sie unzufrieden. Aber das Gegenteil ist der Fall. So wurde durch ver-schiedene Studien empirisch nachgewiesen, dass der Wert der AZ von 88,3 % (2010) im Vergleich zu den Jahren 1995 (88,8 %), 2000 (88,5 %) und 2005 (89,3 %) praktisch unverändert geblieben ist (vgl. Hammermann und Stettes 2013, S. 3; Brenke 2015, S. 720).

Folgende Bestimmungsfaktoren, um nur einige Beispiele zu nennen, sind in der Lage, die AZ der Mitarbeiter positiv zu beeinflussen (vgl. Körner et al. 2012, S. 999; Ziegler und Schlett 2013, S. 55 f.):

- Vertrauensvoller Umgang mit den Kollegen und Vorgesetzten, geprägt durch kollegiales Verhalten und gegenseitige Wertschätzung für die Arbeit des Einzelnen;
- Eine interessante, abwechslungsreiche und herausfordernde Tätigkeit, mit der erforderlichen Freiheit, seine fachlichen Fähigkeiten und Fertigkeiten einzu-bringen;
- Lob und Anerkennung für die geleistete Arbeit und Handlungsspielräume für innovative Vorschläge und Ideen;
- Anforderungs- und leistungsgerechte Entlohnung;
- Unternehmens- und Organisationskultur fördern ein angenehmes Betriebs-klima, geben ein Gefühl des Miteinander und konstruktiver Zusammenarbeit;
- Management und direkte Vorgesetzte fördern und unterstützen die Ent-wicklung der Mitarbeiter, geben Hilfestellung und Unterstützung bei der Lösung der beruflichen Aufgaben;
- Maßnahmen in den Bereichen Work-Life-Balance, Gesundheitsmanagement und Employability zeigen, das Unternehmen ist sich seiner sozialen Ver-antwortung gegenüber den Mitarbeitern bewusst.

Aber auch das Unternehmen hat durch ein hohes Maß an AZ bei den Mitarbeitern Vorteile, die vielleicht materiell abzuschätzen, aber immateriell nicht zu beziffern sind. Dazu gehören beispielsweise:

- Verbesserung der Wettbewerbsfähigkeit durch technisch und qualitativ hochwertige Produkte, hohe Innovationsfähigkeit durch engagierte und motivierte Mitarbeiter;
- Steigerung der Profitabilität durch höhere Produktivität der Mitarbeiter (weniger Fehlzeiten, reduzierte Ausschuss-Quote, weniger Ausfallzeiten durch Streikunterbrechung, usw.);
- Reduzierung der Fluktuationsrate und Steigerung der Attraktivität als bevorzugter Arbeitgeber (employer branding);
- Zufriedene Mitarbeiter sind die besten Werbeträger des Unternehmens. Gegenüber den Kunden, der Politik und dem gesellschaftlichen und sozialen Umfeld;
- Positive Beeinflussung der Unternehmenskultur, der Corporate Identity, d. h. die Wahrnehmung seiner charakteristischen Merkmale und Eigenschaften in der Öffentlichkeit, und dem Corporate Image, d. h. wie wird das Unternehmen aus der Sicht der Kunden beurteilt.

Der überraschend hohe und konstante Wert der AZ in den empirischen Studien über viele Jahre darf jedoch nicht dazu verleiten, in dem Bemühen, eine hohe AZ in dem Unternehmen aufrecht zu erhalten, nachzulassen. Es muss immer wieder bewusst sein, dass besondere Anstrengungen und Kosten erforderlich sind, um ein akzeptables Zufriedenheitsniveau aufzubauen und es auf einem hohen Level kontinuierlich zu halten. Die besondere Bedeutung und Wertigkeit der AZ wird auch daran erkennbar, weil sie auf ihre Weise aufzeigt, wie es um den inneren Zustand des Unternehmens und seiner Mitarbeiter bestellt ist. Sie stellt sozusagen ein Gradmesser für die Einstellungen und Akzeptanz der Mitarbeiter dar und verdeutlicht, wo und in welchen Bereichen Korrekturbedarf erforderlich ist. Durch die im unteren Bereich des Konzeptes aufgeführten PE-Instrumente ist es dem Unternehmen möglich, neue Maßnahmen einzuführen oder bestehende Aktivitäten neu auszurichten. Damit wird gleichzeitig aber auch offensichtlich, in welchem Ausmaß wiederum die AZ sich im Einflussbereich der mitarbeiterbezogenen Faktoren befindet und welche Instrumente als intervenierende Variable geeignet sind.

2.2.1.2 Die zentrale Bedeutung der Mitarbeitermotivation

Welche zentrale Bedeutung die Mitarbeitermotivation für das Unternehmen hat und welche unmittelbare Einflussnahme von ihr auf die Unternehmensentwicklung ausgehen kann, das erkennen immer mehr Unternehmen. Insbesondere durch die Tatsache, „(…) dass die Arbeitsproduktivität nicht allein durch technische Innovationen sichergestellt werden kann. Der Erfolg eines Unternehmens hängt vielmehr von der Bereitschaft seiner Mitarbeiter und Mitarbeiterinnen ab, sich für die Organisationsziele einzusetzen." (Brandstätter 1999, S. 344).

Die Mitarbeitermotivation hat aber nicht nur als Instrument der Unternehmensführung zur Beeinflussung der Mitarbeiterzufriedenheit eine besondere Relevanz. Auch für die Durchführung von PE-Maßnahmen und somit für die Effektivität und Effizienz der PE ist sie ein nicht zu unterschätzender Einflussfaktor hinsichtlich der Einstellung der Mitarbeiter zu PE-Maßnahmen. Eine destruktive, abwartende Haltung der Beschäftigten und fehlende oder mangelhafte Bereitschaft, notwendige Veränderungsprozesse aktiv mitzugestalten, kann sowohl für die PE als auch für das Unternehmen und seine weitere Entwicklung gravierende Folgen haben. Um zu erkennen, welche Vorteile bzw. Nachteile ein Unternehmen durch motivierte bzw. demotivierte Mitarbeiter hat, dazu können die bereits unter AZ erwähnten Merkmale nahezu uneingeschränkt auf die Motivation übertragen werden.

Betrachtet man nun die Personalführung[6] als Bestandteil der Unternehmensführung so ist ihre vordringliche Funktion darin zu sehen, die ihr unterstellten Mitarbeiter dahin gehend zu führen und zu leiten, dass sie in der Lage sind, durch ihre beruflichen Qualifikationen und Kompetenzen einen signifikanten Beitrag zum Unternehmenserfolg zu leisten (vgl. von Rosenstiel 2015, S. 47 ff.).

Aber Einstellungen, Werthaltungen und das Anspruchsniveau der Mitarbeiter haben sich ebenfalls im Zeitablauf verändert und werden sich in den nächsten Jahren in der Werteskala verschieben. Auf diese Herausforderungen eines neu formierten Wertesystem, resultierend aus steigender Komplexität von Arbeit, beschleunigten Fertigungsabläufen, gravierendem Fachkräftemangel und der zunehmende Wunsch nach einem ausgewogenen Verhältnis von Beruf-Freizeit-Familie muss das Management die passenden Antworten finden (vgl. Achtziger und Gollwitzer 2010, S. 314 f.). Neue Konzepte in der Personalführung sind gefordert.

Der Aufbau und die Pflege eines hohen Motivationsgrades bei den Mitarbeitern ist daher das vorrangige Ziel einer konsequenten Personalführung.

---

[6]Drumm definiert Personalführung als „die zielorientierte Beeinflussung des Mitarbeiterverhaltens durch den Vorgesetzten (..)." (2005, S. 493). In diesem Sinne versteht auch Jung die Personalführung als „(…) allgemein einen kommunikativen Prozess der Einflussnahme auf die Mitarbeiter zum Zweck zielgerichteter Leistungserstellung." (2011, S. 410).

Es ist jedoch zu berücksichtigen, dass Motivation durch die Wechselwirkung von Motiven und Anreizen keine konstante Disposition ist, sondern durch die Anreize, die z. B. durch das Unternehmen vermittelt werden, sich im Laufe der Zeit verändern kann. Die Aufgabe der Personalführung muss daher darin bestehen, die bereits vorhandene Motivation ständig zu aktivieren und durch neue Stimulantien den Motivationsprozess weiter voranzutreiben.

In einer empirischen Studie der Hays AG wurden die Entscheider, Personalverantwortlichen und Mitarbeiter befragt. Danach sollten sich die Führungsstile des Managements von heute und morgen auf folgende Merkmale fokussieren (siehe Tab. 2.1):

Unabhängig von diesen konkreten Faktoren ist aber auch die Führungskultur des Unternehmens zu nennen, die als wesentlicher Multiplikator für die Motivierung der Mitarbeiter anzusehen ist. Sie bildet den normativen Rahmen, der die wesentlichen Grundzüge für ein konstruktives und vertrauensvolles Miteinander und Zusammenarbeit im Unternehmen bildet. Gegenseitiger Respekt und Wertschätzung für die Arbeit des Einzelnen, Gewährung individueller Freiräume und Lob und Anerkennung für die geleistete Arbeit sind letztlich Motivationsfaktoren, die nicht nur für die PE, sondern auch für die Konsolidierung der AZ und des Betriebsklimas von Bedeutung sind (vgl. Brandstätter et al. 2013, S. 69 ff.).

Tab. 2.1 Anforderungen an die Personalführung von heute und morgen. (Quelle: Eilers et al. 2014/2015, S. 10 ff.). (Eigene Darstellung)

	Befragte in %
Etablieren einer Feedbackkultur	71
Motivation der Belegschaft	**69**
Aufzeigen von Entwicklungsmöglichkeiten für die Mitarbeiter	66
Führen regelmäßiger Mitarbeitergespräche	**60**
Agieren als Ansprechpartner („Offenes Ohr für die Belange der Mitarbeiter")	56
Gewährung von Freiräumen bei den Aufgaben der Mitarbeiter	**53**
Förderung der Beschäftigungsfähigkeit der Mitarbeiter	48
Gestaltung von Beziehungen im Team/in der Abteilung	**48**
Basis: n = 665 Befragte	

2.2.1.3 Das Betriebsklima

Der Begriff „Betriebsklima" wird in der Literatur sehr vielfältig und heterogen behandelt. Aber auch die Zuordnung der einzelnen Bestimmungsfaktoren und die perspektivische Sichtweise sind mehr oder weniger interdisziplinär bedingt. Will man aber die atmosphärischen Rahmenbedingungen eines Unternehmens beschreiben oder sollen die klimatischen Verhältnisse zwischen der oberen, mittleren und unteren Managementebene abgebildet werden, muss eine sinnvolle Abgrenzung vorgenommen und eindeutig zwischen folgenden Definitionen bzw. Begriffsbestimmungen differenziert werden:

Von einem **Arbeitsklima** ist nach dem Verständnis der Autorin dann zu sprechen, wenn damit die auf den jeweiligen Arbeitsplatz des Mitarbeiters begrenzten Verhaltensweisen, Formen der Zusammenarbeit und das Verständnis bzw. die Kommunikation mit den unmittelbaren Arbeitskollegen bzw. Team-/Gruppenmitglieder zu verstehen sind. Hierzu zählen beispielsweise die kollegiale und vertrauensvolle Zusammenarbeit, gegenseitige Hilfe und Unterstützung in fachlichen, arbeitsbezogenen oder persönlichen Fragen, kameradschaftliches Verhalten untereinander und gegenüber den Vorgesetzten.

Das **Betriebsklima** ist nach dem allgemeinen Verständnis eine Beschreibung der atmosphärischen Zusammenarbeit auf Gruppen-, Abteilungs-, Hauptabteilungs- und Geschäftsleitungsebene innerhalb des Unternehmens. Das Betriebsklima stellt daher die Summe der einzelnen Arbeitsklimas der verschiedenen Bereiche dar. Damit kann im Umkehrschluss der Zustand des Arbeitsklimas als Spiegelbild des Betriebsklimas bezeichnet werden. Oder mit anderen Worten: Das Betriebsklima kann nur so gut sein, wie das Arbeitsklima ist. Berthel/Becker verstehen Betriebsklima als „ein Ausdruck der sozialen Atmosphäre, wie Mitarbeiter sie in einem Betrieb, einer Abteilung oder einer Gruppe empfinden. Im Gegensatz zur Arbeitszufriedenheit spielen die zwischenmenschlichen Beziehungen und die Zusammenarbeit der Mitarbeiter eine besondere Rolle." (2013, S. 546). Das Betriebsklima bezieht sich somit auf das subjektiv erlebte Empfinden der Zusammenarbeit und des Gemeinschaftsgefühls, als auch auf die klimatische Qualität des Zusammenwirkens aller Beteiligten eines Unternehmens. Oder wie es von Rosenstiel formulierte: „Das Betriebsklima ist die Qualität der sozialen Beziehungen innerhalb der Organisation und der diese prägenden Bedingungen, wie sie von der Belegschaft wahrgenommen und bewertet werden und deren Verhalten mit prägen." (2003, S. 27).

Während das Betriebsklima sich auf die sozialen Bedingungen einer Organisation bezieht, fokussiert sich das **Organisationsklima** auf die Wahrnehmungen und Beschreibungen organisationaler Bedingungen. Staehle versteht darunter „Wie die Organisationsmitglieder ihre Organisation, Vorgesetzten und Kollegen wahrnehmen und beschreiben, ist demzufolge eine Funktion *situativer* und *personaler* Faktoren, die sich zu einem „persönlichen Bild" von der Organisation und ihren inneren und äußeren Gegebenheiten formen. Damit werden die Wahrnehmungs- und Kognitionsprozesse von Organisationsmitglieder zum zentralen Teil des Organisationsklima-Konzeptes." (1999, S. 486, Hervorheb. i. Orig.).

In den folgenden Ausführungen soll die Definition „Betriebsklima" als der umfassendere und im allgemeinen Sprachgebrauch gebräuchliche Begriff der atmosphärischen/klimatischen Zustandsbeschreibung eines Unternehmens verwendet werden. Dies erfolgt auch aufgrund der Tatsache, dass das Betriebsklima im Vergleich zur AZ und Mitarbeitermotivation regelrecht spürbar und durch das Verhalten, Auftreten und die Kommunikation der Mitarbeiter relativ leicht zu ermitteln ist. Gleichzeitig ist das Betriebsklima als intervenierende Variable zu verstehen. Als Gradmesser für die psychische Verfassung des Unternehmens zeigt es auf, welche Faktoren sich in ihrem Einflussbereich befinden und wo Änderungen und Korrekturen vorzunehmen sind, um es signifikant verbessern zu können. Die konkreten Auswirkungen eines guten bzw. im Umkehrschluss schlechten Betriebsklimas sind beispielsweise:

- Rückläufige Produktivität durch höhere Ausschuss-Quoten, mangelhafte Produktqualität,
- Steigende Stillstandszeiten durch Produktionsunterbrechung, erhöhte Produktionskosten;
- Zunehmende Fehltage durch höheren Krankenstand der Mitarbeiter;
- Rückläufige Arbeitszufriedenheit und verminderte Motivation;
- Frust und Arbeitsunlust der Mitarbeiter steigen, interne Arbeitsniederlegungen und Streiks sind die Folge;
- Persönliche Konflikte, Streitigkeiten unter Kollegen, Mobbing ist an der Tagesordnung, der interne Betriebsfrieden ist nachhaltig gestört;
- Die Basis für kollegiale Zusammenarbeit, gegenseitiges Vertrauen, Hilfe und Unterstützung ist nicht mehr vorhanden;
- Die Mitarbeiter haben bereits die innere Kündigung (Lustlosigkeit, Desinteresse) ausgesprochen, die Fluktuationsrate steigt;
- Die Unternehmens-/Führungskultur verschlechtert sich, das Unternehmen verliert an Attraktivität als bevorzugter Arbeitgeber (Employer Branding).

Aus den genannten Merkmalen wird deutlich, dass das Betriebsklima als Seismograf der psychischen Verfassung des Unternehmens bezeichnet werden kann. Es ist ein wichtiger Indikator für die Unternehmensführung aber auch für die PE, wenn wichtige Veränderungsmaßnahmen nicht in der geplanten Form durchgesetzt werden können und die Mitarbeiter und der Betriebsrat die „Gefolgschaft" verweigern. Eine wesentliche Voraussetzung für ein erfolgreiches Unternehmen ist daher ein gutes Betriebsklima. Wenn in ihrem Sinne der Wohlfühlfaktor stimmt, wenn sie gerne zur Arbeit kommen, weil sie Freude macht und es ein Vergnügen ist, mit den Kollegen zusammen zu arbeiten, dann wird auch die Produktivität der Mitarbeiter und des Unternehmens steigen. Diese konstruktive Atmosphäre ist die Basis, um gemeinsam die zukünftigen Herausforderungen bewältigen zu können.

2.2.1.4 Identifikation der Mitarbeiter

Der demografische Wandel, die zunehmende Alterung der Bevölkerung und der exponentiell ansteigende Fachkräftemangel haben die Mitarbeiterbindung immer mehr in den Fokus unternehmerischen Handelns gerückt. Mehr denn je stehen die Unternehmen in der Pflicht, die notwendige Schritte und Maßnahmen in die Wege zu leiten, um eine mittelfristige Sicherung der personellen Basis zu gewährleisten. Dieses Ziel einer hohen Mitarbeiterbindung ist jedoch nur zu erreichen, wenn die Unternehmenskultur (Vision und Werte) stringent danach ausgerichtet wird und die Organisations- und Führungskultur sowie eine mitarbeiterorientierte Personal- und Sozialpolitik konsequent daraus abgeleitet werden. Gleichzeitig gilt es, durch eine PE, die gleichermaßen die Interessen von Unternehmen und Mitarbeiter berücksichtigt, eine Basis für die Mitarbeiter zu schaffen, damit über die AZ und Motivation sowie positivem Betriebsklima ein hohes Maß an Identifikation mit den Zielen und Werten des Unternehmens hergestellt werden kann.

Gleichgültig wie man nun das berechtige Bestreben des Unternehmens nennen will, Mitarbeiter zu halten, zu prägen und weiterzuentwickeln, es ist in seiner Methodik und systematischen Vorgehensweise nicht neu. So wird bereits in der Marketingtheorie der siebziger und achtziger Jahre des vorherigen Jahrhunderts davon gesprochen, aus strategischen Gründen Markenpräferenzen aufzubauen (vgl. Meffert et al. 2015, S. 327 f.). Damit soll das eigene Leistungsangebot gegenüber den potenziellen Käufern positioniert und gegenüber dem Wettbewerb differenziert werden. Durch den Aufbau eines Markenbewusstseins beim Kunden, das zur Entwicklung einer Markentreue bzw. Markenloyalität beiträgt und langfristig zu einem hohen Maß an Markenbindung führt, wird im eigentlichen Sinne ein Entwicklungsprozess beschrieben, wie er auch im Unternehmen stattfindet.

Welche Bedeutung die Identifikation der Mitarbeiter in dem Unternehmen hat, wird besonders bei der Planung und Umsetzung von PE-Maßnahmen oder sonstigen Veränderungsprozessen ersichtlich. In vielfältigen Untersuchungen über die Erfolgsfaktoren von Change-Management Projekten wird immer wieder die Wertigkeit und die besondere Relevanz der Mitarbeiteridentifikation hervorgehoben. Letztendlich ist der Erfolg bzw. Misserfolg einer Maßnahme überwiegend davon abhängig inwieweit es gelingt, die Mitarbeiter von der Notwendigkeit zu überzeugen und sie aktiv in den Veränderungsprozess einzubinden (vgl. Kanning und Kuttenkeuler 2007, S. 522 f.).

Die bisherigen Ausführungen zu den Themenbereichen AZ, Motivation, Betriebsklima und Identifikation innerhalb des Triade-Konzeptes haben aufgezeigt, dass zwischen den einzelnen mitarbeiterbezogenen Einflussfaktoren sehr enge Wechselbeziehungen bestehen. Gleichzeitig ist nicht zu vernachlässigen, dass diese wiederum in mehr oder weniger starker Interdependenz zu den anderen, ebenso einflussreichen Handlungskomponenten stehen und positive oder auch negative Veränderungen unmittelbare Auswirkungen auf die weiteren Faktoren haben. Unbestritten besitzen AZ und Motivation im Vergleich zum Betriebsklima und Identifikation einen höheren Stellenwert, da bei einer positiven Ausprägung der beiden Faktoren ein schlechtes Betriebsklima und mangelhafte Identifikation mit den Zielen und Werten des Unternehmens für den Mitarbeiter einen nicht befriedigender, aber für ihn zu akzeptierender Zustand darstellen würde. Aber die übrigen Einflussfaktoren dürfen in ihren Möglichkeiten nicht unterschätzt werden, insbesondere weil durch den fortschreitenden Wertewandel bei den Mitarbeitern Maßnahmen beispielsweise im Bereich Gesundheitsmanagement oder Work-Life-Balance einen höheren Stellenwert erhalten und eine Erhöhung der finanziellen Leistungen dann eher zweitrangig ist.

2.2.2 Unternehmensbezogene Einflussfaktoren

Gerade in Zeiten, die geprägt sind durch die zunehmende Globalisierung der Märkte, die Digitalisierung der Wirtschaft, demografischer Wandel und tief greifendem Wertewandel, sowie verändertem Wertebewusstsein in Wirtschaft und Gesellschaft, werden die bestehenden Unternehmensziele, -strategien und -kulturen auf den Prüfstand gestellt. Dabei zeigt es sich, dass Unternehmen mit einer zeitgemäßen, wertebasierten Unternehmenskultur und modernen Führungstechniken sowie flexiblen Organisationsstrukturen eine dauerhafte Grundlage für unternehmerischen Erfolg und wirtschaftliche Kontinuität besitzen. Dies bedeutet,

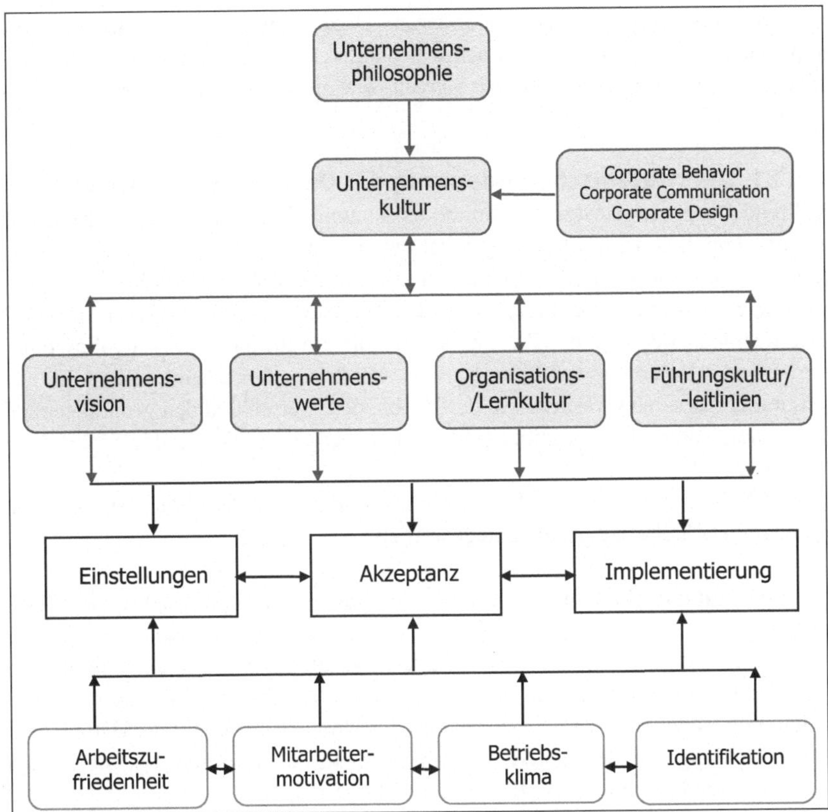

Abb. 2.4 Die unternehmensbezogenen Einflussfaktoren des Triade-Konzeptes. (Eigene Darstellung)

dass die gesamte unternehmerische Ausrichtung nach innen und außen immer wieder neu justiert und an die veränderte Bedingungslage anzupassen ist.

Innerhalb des Triade-Konzeptes sind es ebenso die unternehmensbezogenen Einflussfaktoren (siehe Abb. 2.4), die kontinuierlich auf ihre Gültigkeit überprüft und eventuell neu zu gestalten sind. Insbesondere auch deshalb, weil sie mit den fundamentalen und mitarbeiterbezogenen Handlungskomponenten in korrespondierender Beziehung stehen und durch ihren normativen Charakter maßgeblich unternehmensinterne Entwicklungen beeinflussen können. Wenn beispielsweise Entscheidungen über gegenwärtige oder zukünftige PE-Maßnahmen aus der Notwendigkeit einer veränderten Organisations- und Führungskultur getroffen werden, diese aber diametral den Interessen der Mitarbeiter entgegenstehen, dann können unmittelbar davon die mitarbeiterbezogenen Faktoren tangiert werden.

2.2.2.1 Die strategische Bedeutung der Unternehmenskultur

Während Corporate Design, Corporate Communication und Corporate Behavior aus der Unternehmenskultur abgeleitet werden und sich somit in ihrer Ausgestaltung eindeutig an ihr orientieren, ist die Unternehmenskultur als übergeordnete Institution die konkrete, wahrnehmbare Instanz einer „abstrakten" Unternehmensphilosophie. Es ist daher die vordringliche Aufgabe einer normativen Unternehmensführung das konkrete Unternehmensleitbild zu definieren, das seinen Ausdruck in der Vision, den Werten und den grundlegenden Zielen des Unternehmens findet (vgl. Hungenberg und Wulf 2015, S. 25; Jung 2011, S. 23).

Im Hinblick auf das Triade-Konzept, soll das, aus der Sicht der Autorin, folgende Verständnis zugrunde gelegt werden:

- **Unternehmensphilosophie:** Die Unternehmensphilosophie stellt den übergeordneten Rahmen für die Formulierung und Durchsetzung der Unternehmensvision und -werten. Sie skizziert sehr global die Rahmenbedingungen (Produkt, Zielgruppe, Märkte, Richtlinien) der Unternehmenspolitik, Verhalten gegenüber den Mitarbeitern und der Umwelt. Obwohl alle Maßnahmen im Einklang mit der Unternehmensphilosophie sein sollten, hat sie keinen normativen Charakter (vgl. Renker 2008, S. 91 ff.).
- **Unternehmenskultur:** Sie beinhaltet in der Summe alle in einem Unternehmen vorhandenen Normen, Werte, Denkrichtungen und Umgangsformen, die für das Verhalten der Mitarbeiter verbindlich sind und das Corporate Identity prägen. Die Unternehmenskultur ist ein abstraktes Konstrukt, die sich durch die Unternehmensvision und Unternehmenswerte in einer engen Wechselbeziehung manifestiert. Eine gute oder auch schlechte Unternehmenskultur ist immer eine Zustandsbeschreibung des Verhältnisses zwischen Unternehmensführung und Mitarbeiter (vgl. Brechmann 2010, S. 9 f.; Hinterhuber 2014, S. 9).
- **Unternehmensvision:** In der Unternehmensvision beschreibt das Unternehmen, welche Ziele absolute Priorität haben, wobei weder der Zeitraum festgelegt ist, noch konkrete Werte vorgegeben werden (z. B. führender Anbieter in der Branche/Marktsegment/Zielgruppe, technologischen Vorsprung ausbauen, Profitabilität verbessern, Nr. 1 in Umweltfragen, Kontakte mit der Öffentlichkeit pflegen, usw.). „Im Unternehmen können sie einerseits

Leistung, Kreativität und Mut freisetzen. Andererseits sollen sie als richtung-weisende und gestalterische Kraft für die Mission, strategischen Ziele, Strukturen, Prozesse, Kulturen und Handlungen eines Unternehmens dienen." (Renker 2008, S. 93).

- **Unternehmenswerte:** „Werte bestimmen Einstellungen. Einstellungen bestimmen Verhalten." (Hinterhuber und Krauthammer 2015, S. 96). Treffender lässt sich die Bedeutung der Unternehmenswerte nicht beschreiben. Werte sind für das Unternehmen und die Mitarbeiter die Richtschnur und die Norm, an denen jeder Unternehmensangehörige sein Verhalten auszurichten hat. Sie ver-mitteln innerlichen Halt, geben eine Orientierungshilfe bei den täglichen Fragen im Arbeitsleben und beeinflussen so Handlungen und Entscheidungen über die kurzfristige und aktuelle Situation. Insbesondere in einer Zeit wie heute, da Wertewandel und neue Werthaltungen im Mittelpunkt stehen und Unter-nehmen sich auf eine nachhaltige und wertorientierte Personalarbeit besinnen, erhalten Unternehmenswerte eine vollkommen neue Dominanz. Es setzt sich vermehrt die Erkenntnis in den Unternehmensführungen durch, dass formulierte und gelebte Werte für den Fortbestand des Unternehmens von existenzieller Bedeutung sind und daher auch im Sinne der Mitarbeiter. „Stimmen die Werte des Unternehmens mit denen der Mitarbeiter überein, führt dies dazu, dass Mitarbeiter sich mit einem Unternehmen identifizieren und eine innere Ver-pflichtung ihm gegenüber empfinden, welches sich positiv in ihrer Leistung und ihrem Engagement niederschlägt." (Brechmann 2010, S. 9).

Auch wenn die Unternehmenskultur im Vergleich zu den anderen Corporate Instrumenten (Design, Communication, Behavior) nicht konkret fassbar ist, so ist sie doch jederzeit spürbar: Durch das Verhalten zwischen Vorgesetzten und Mit-arbeitern, durch die Art der Kommunikation untereinander, die Form der gegen-seitigen Hilfe und Unterstützung, in der Ausprägung der AZ bei den Mitarbeitern, ihre Motivation am Arbeitsplatz, aber auch durch ein positives Betriebsklima und ein hohes Maß an Identifikation mit dem Unternehmen. Eine in dieser Form sowohl von Unternehmensführung wie auch von den Mitarbeitern akzeptierte Unternehmenskultur ist die beste Basis, um die gegenwärtigen und zukünftigen Herausforderungen bewältigen zu können.

Weiterhin ist zu berücksichtigen, dass die Unternehmenskultur nicht statischer Natur ist, sondern dynamisch auf den fortschreitenden Wandel in Wirtschaft und Gesellschaft und die neuen Herausforderungen durch Industrie 4.0 und Arbeits-welt 4.0 reagieren muss. Sowohl im Innenverhältnis als auch in der Beziehung nach außen ist es für das Unternehmen von äußerster Wichtigkeit, in der Wahr-nehmung gegenüber den Kunden und der Öffentlichkeit, d. h. im Corporate

Image und in der Corporate Identity, keine negativen Irritationen entstehen zu lassen, die für das Unternehmen, die Mitarbeiter und die Unternehmenskultur kontraproduktiv wären.

2.2.2.2 Organisations- und Lernkultur

Durch die Formulierung der Unternehmenswerte wird bereits klar und eindeutig festgelegt, nach welchen Regeln, Normen und Verhaltensweisen das Verhältnis zwischen Unternehmensführung und Mitarbeiter bestimmt wird. Die Organisationskultur ist in ihrer Ausprägung vergleichbar mit der Unternehmenskultur, d. h. sie ist nicht konkret, sondern abstrakt, sie ist nicht greifbar aber doch spürbar. Sie spiegelt die Atmosphäre, den Geist und die Harmonie wider, der zwischen dem unteren Management und den Mitarbeitern, dem unteren und mittleren bzw. mittleren und oberen Management herrscht. Der Zustand der Organisationskultur zeigt unmissverständlich an, wie es um das ethische und humanistische Verständnis im Unternehmen steht. Sie ist gewissermaßen ein Seismograf, die durch ihre „Ausschläge" die mitarbeiterbezogenen Einflussfaktoren – AZ, Mitarbeitermotivation, Identifikation – und davon insbesondere das Betriebsklima erheblich korreliert. Insbesondere wird bei ihr – ebenso wie bei der Unternehmenskultur – deutlich, dass Unternehmenswerte sich nur dann in einer positiv gearteten Organisationskultur manifestieren können, wenn die Unternehmensführung ihrer Vorbild- und Multiplikatorfunktion jederzeit gerecht wird.

In der Organisationskultur muss also das praktiziert und gelebt werden, was konkret in den Unternehmenswerten in der Unterrubrik Mitarbeiter explizit zum Ausdruck kommt. Beispielsweise der respektvolle Umgang miteinander, die Wertschätzung des Einzelnen, das partnerschaftliche Denken, konstruktives und kollegiales Verhalten. Aber auch die Verantwortung für den Erfolg des Unternehmens, seine Bereitschaft, sich im Sinne des Unternehmens konsequent weiterzuentwickeln und notwendige Veränderungen aktiv mitzugestalten. Durch das in der Praxis häufig verwendete Prinzip des „Fordern und Fördern" kann die Organisationskultur leicht in ein Spannungsverhältnis zwischen Unternehmen und Beschäftigte geraten. Dies wird dann der Fall sein, wenn die Diskrepanz zwischen der Förderung der Mitarbeiter und ihrer Bereitschaft, den berechtigten Forderungen des Unternehmens Folge zu leisten, zu eklatant ist bzw. die Forderungen und Leistungen des Unternehmens an die Mitarbeiter in keinem ausgewogenen Verhältnis stehen.

Die Bedeutung einer ausgeprägten Lernkultur erhält zukünftig eine neue Dimension, wenn man im Hinblick auf den digitalen Wandel und die sich bereits abzeichnenden Transformationsprozesse hin zu Industrie 4.0, Arbeitswelt 4.0 und Personal 4.0 die möglichen, disruptiven Veränderungen betrachtet. Die in der Literatur häufig verwendeten Begriffe, wie „lernende Organisation" und „lebenslanges Lernen" (vgl. Spieß und von Rosenstiel 2010, S. 90 f.) bekommen eine höhere Priorität und einen neuen Stellenwert.

Zwar stellt „Ein ständiger Wandel in der Arbeitswelt, Flexibilisierung und geforderte Mobilität, neue Arbeits- und Organisationsformen (…) eine Herausforderung und Chance für den Einzelnen dar, zum anderen verbinden sich mit dieser Entwicklung auch Befürchtungen und Ängste, denn besonders der permanente Wandel in der Arbeitswelt lässt die Halbwertszeit des Wissens und damit die individuellen Qualifikationen ständig sinken." (ebenda, S. 90). Nach Sonntag et al. bezieht sich die Lernkultur „(…) auf Kompetenzentwicklung, Steigerung von Flexibilität und Innovationsfähigkeit im Unternehmen und (…) dient den Organisationsmitgliedern zur Orientierung und Identifikation, indem sie ihnen Erwartungen bezüglich Lernverhalten und Kompetenzentwicklung vermittelt." (2004, S. 107).

Dies bedeutet, dass die Lernkultur, ebenso wie die Organisationskultur, als Bestandteil der Unternehmenskultur im Sinne eines permanenten Veränderungsprozesses des Unternehmens und seiner Mitarbeiter verstanden wird. Dabei ist es die vorrangige Aufgabe der PE, diese Wissenstransformation zielgerichtet und kontinuierlich weiter zu entwickeln. „Die Personalentwicklung in einer Lernkultur verfolgt sowohl eine strategieerfüllende Perspektive, d. h. sie unterstützt den Aufbau der für die Umsetzung der Unternehmensstrategien erforderlichen Kompetenzen, als auch eine strategiegestaltende Perspektive, indem sie durch den gezielten Aufbau von Kompetenzen neue Wege der Arbeitsorganisation und Wertschöpfung ermöglicht." (ebenda, S. 117).

Versteht man das Lernen als ständigen, lebenslangen Prozess von Denken, Fühlen, Aufnehmen und Begreifen von neuen Eindrücken, Erlebnissen, gewonnener Erfahrung und Einsichten in eigene Fehler und Schwächen, so ist die Fehlerkultur ein wesentlicher Bestandteil der Lernkultur. Wenn ein Unternehmen für sich in Anspruch nimmt, falsche, strategische Weichenstellungen der Vergangenheit korrigieren zu können, dann muss es auch den Mitarbeitern gestattet sein, Fehler, Irrtümer und Fehleinschätzungen einzugestehen. Es ist geradezu ein besonderes Merkmal einer mitarbeiterorientieren Personal- und Sozialpolitik, den Mitarbeitern mehr Gestaltungs- und Handlungsfreiheit einzuräumen und mehr Verantwortung und Engagement am Arbeitsplatz einzufordern. Deshalb wäre es in jeder Beziehung kontraproduktiv, die Mitarbeiter für vermeintliche Fehler und Unzulänglichkeiten verantwortlich zu machen.

2.2.2.3 Führungskultur und -leitlinien

Wie bereits schon bei der Organisations- und Lernkultur so gilt auch bei der Führungskultur die Besonderheit, dass sie als abstrakter Bestandteil der Unternehmenskultur nicht zu erfassen ist, aber durch ihre Beeinflussungsmöglichkeiten sehr konkrete Ausstrahlungseffekte auf die AZ, die Mitarbeitermotivation und das Betriebsklima besitzt. Führungskultur kann als Verhalten und Auftreten der Führungskräfte gegenüber ihren Untergegebenen bzw. Mitarbeitern bezeichnet werden, das wiederum durch die Unternehmenswerte für die Mitarbeiter bestimmt ist.

Wesentlich für die Ausprägung der Führungskultur ist darüber hinaus der Umgang mit den Beschäftigten durch die Führungskräfte. Bestimmungsfaktoren hierfür sind der Respekt und die Achtung gegenüber der Person, Akzeptanz und Toleranz in Fragen der kulturellen Vielfalt sowie Vertrauen in die Leistungsfähigkeit und Wertschätzung für die Arbeit des Einzelnen (nach dem Motto: „Wertschöpfung durch Wertschätzung"). Nach der Auffassung von Wunderer bedeutet dies: „Im Bereich der Führung über Werte, also über Führungs- und Kooperationskultur hat jeder Vorgesetzte im Rahmen der interaktionellen Steuerung die Aufgabe, Werte zu interpretieren, zu verstärken und deren Anwendung zu belohnen, die zum Beispiel ein (mit-)unternehmerisches Engagement der Teammitglieder fördert. Im klassischen Kontext der prozeßorientierten Motivationstheorie heißt das zum Beispiel, den erwünschten Wert mit entsprechender Bedeutung („Valenz") zu versehen, (…)." (Wunderer 1996, S. 390).

Anstelle der in den Unternehmenswerten hinterlegten Werten für die Mitarbeiter werden in der Theorie und Praxis immer mehr „Führungsgrundsätze" (vgl. Staehle 1999, S. 864) oder „Führungsleitlinien" favorisiert. Diese Grundsätze/Leitlinien können auf der Basis des Unternehmensleitbildes erstellt werden, das zuvor aus den Unternehmensvisionen abgeleitet wurde (vgl. Weibler 2014, S. 271 ff.). „Führungsgrundsätze (oft synonym: Führungsleitlinien, Führungsrichtlinien, Führungsanweisungen, Verhaltensleitlinien zur Führung) beschreiben oder normieren – als Bestandteil der strukturellen Führung – relativ dauerhaft die grundsätzlichen Beziehungen zwischen Vorgesetzten und ihren Mitarbeitern auf Basis einer Führungsphilosophie. Sie sind Bestandteil einer Führungskonzeption und Teilmenge von betrieblichen Grundsätzen, schriftlich niedergelegt und sollen die betriebliche Mitarbeiterführung vereinheitlichen (…)." (Berthel/Becker 2013, S. 168). Für die Mitarbeiter bleibt es letztlich unbedeutend, auf welcher Basis die Führungsleitlinien erstellt wurden. Für sie ist maßgeblich, dass sie als Handlungsgrundlage tatsächlich im täglichen Arbeitsleben zur Anwendung kommen und mit „Leben" erfüllt sind.

Der Stellenwert und die Bedeutung der unternehmensbezogenen Einflussfaktoren wird besonders deutlich, wenn man die Interdependenzen zu den mitarbeiterbezogenen Komponenten berücksichtigt. Auch wenn die Unternehmenskultur oberflächlich nur als atmosphärische Randbedingung wahrgenommen wird, so ist sie doch in ihren Einflussmöglichkeiten auf AZ, Motivation und Betriebsklima nicht zu unterschätzen und ist daher im Triade-Konzept von absoluter Wichtigkeit. Dies resultiert auch aus der Tatsache heraus, weil die Unternehmenskultur für das Management und die Mitarbeiter eine konkrete Zielorientierung für ihr Tun und Handeln darstellt, Normen und ethische/moralische Werte impliziert und vor allen Dingen der täglichen Arbeit einen Sinn vermittelt.

Zusammenfassung und Ausblick 3

Die bisherigen Erläuterungen haben die Rahmenbedingungen beschrieben, ohne deren Berücksichtigung und Implementierung erfolgreiche PE weder kurz-, noch mittel- oder langfristig durchgeführt werden kann. Vor allen Dingen haben sie aufgezeigt, dass das Konzept der triadischen Beziehungen nicht neu im Sinne einer Neuentwicklung der PE ist, sondern es fügt betriebliche Elemente zusammen, die in einer sach-logischen, inneren Wechselbeziehung stehen und ohnehin in einem Unternehmen latent vorhanden sind. Denn alle Faktoren des Triade-Konzeptes sind, ob nun fundamental, unternehmens- oder mitarbeiterbezogen, in irgendeiner Art und Weise fühlbar und spürbar, auch wenn sie nicht in konkreter Form existent sind.

In seiner Gesamtheit erhebt das Triade-Konzept nicht den Anspruch auf Vollständigkeit und umfassender Klarheit in der Beschreibung der Interdependenzen. Hierzu sind noch viele Forschungsarbeiten und empirische Untersuchungen erforderlich, um im Kontext der PE die Kompetenz, Glaubwürdigkeit und Überzeugungskraft in den Unternehmen weiter voran zu bringen. Dies wird jedoch nur gelingen, wenn es der PE in ihrer Gesamtheit gelingt, auf die vordringlichsten Aufgaben die entsprechenden Antworten zu geben. Diese werden beispielsweise sein:

- Dem demografischen Wandel auf dem Arbeitsmarkt und dem damit verbundenen Fachkräftemangel mit verstärkten Maßnahmen im Bereich Mitarbeiterbindung begegnen. Dies bedeutet: Verbesserung der AZ, Mitarbeitermotivation und Betriebsklima. Ausbau und Forcierung einer mitarbeiterorientierten Personal- und Sozialpolitik, verbesserte Angebote bezüglich Work-Life-Balance, Flexibilisierung der Arbeitszeit/Arbeitszeitkonten, Gesundheitsmanagement, betrieblicher Kindergarten, Förderung der kulturellen Vielfalt (Diversity), usw.

A. Schüll, *Das Triade-Konzept der Personalentwicklung*, essentials, https://doi.org/10.1007/978-3-658-31460-6_3

- Durch die Anforderungen von Industrie 4.0, Arbeitswelt 4.0 und Personal 4.0 entstehen neue Berufsfelder mit neuen Qualifikationsmerkmalen. Dieser Transformation in der Arbeitswelt von qualitativ eher einfachen zu höherwertigen Arbeitsplätzen muss die PE in antizipativer Weise durch entsprechende Qualifizierungsmaßnahmen vorbereitet sein.

- Mit der Digitalisierung der Arbeitswelt, der Vernetzung der Arbeitsverfahren, die Automatisierung durch Algorithmen und moderner Prozess-Steuerung werden sich neue Aufgaben entwickeln. IT-unterstützte Systeme benötigen neue Berufsqualifikationen, die Flexibilisierung der Arbeitswelt erfordert neue Handlungskompetenzen. Neue PE-Maßnahmen in der beruflichen Weiterentwicklung müssen dem digitalen Wandel angepasst werden, z. B. durch E-Learning, Blended Learning und anderen digitalen Lernformen.

- Wissensmanagement erhält einen völlig neuen Stellenwert. Bisheriges Knowhow erhalten, neues Wissen aneignen, vorhandenes Wissen vernetzen und Zugang zu vorhandenem Wissen erleichtern – das ist das Gebot der Stunde. Der digitale Transformationsprozess stellt neue Anforderungen an das Wissensmanagement. Wertvoller Verlust von Knowhow muss vermieden werden. Es ist daher die Aufgabe der PE, durch entsprechende Maßnahmen ältere Arbeitnehmer besser in den Arbeitsprozess zu integrieren, um Wissensverluste zu vermeiden und langjähriges Fachwissen und technisches Knowhow zu erhalten und zu pflegen (Employability).

Dieser Wandel in der Industrie, der Arbeitswelt und dem individuellen Arbeitsumfeld stellt für die PE Anspruch und Herausforderung zugleich dar. In ihrer Funktion, aber auch als Institution kommt der Personalentwicklung eine ganz entscheidende Gestaltungsaufgabe zu. Ihren Auftrag, das Unternehmen in seiner Innen- und Außenbeziehung aktiv zu begleiten und zu unterstützen, wird sie nur dann ausführen können, wenn es ihr gelingt, einen signifikanten Beitrag zur Wertschöpfung des Unternehmens zu leisten und damit den Erwartungen, auch der Mitarbeiter, gerecht zu werden.

Diese neuen Anforderungen zu erfüllen wird nur möglich sein, wenn die Personalentwicklung in ihrem Wesen, ihren Inhalten, ihrer Bedeutung und ihrem Rollenverständnis neu definiert und zielgerichtet an den Erfordernissen des Unternehmens ausgerichtet wird. Die damit verbundenen neuen und umfangreicheren Gestaltungsaufgaben erfordern ebenso erweiterte Handlungsspielräume und Entscheidungskompetenzen. Für diese Implementierung in die

unternehmerische Gesamtkonzeption ist es erforderlich, dass die Unternehmensführung und die Personalleitung/PE in ihrer Wahrnehmung der PE die Zeichen
der Zeit erkennen und die erforderlichen Weichenstellungen vornehmen.

> „Wer aufhört, besser zu werden, hat aufgehört, gut zu sein!"
> Philip Rosenthal (1916–2001), Industrieller und Politiker

Was Sie aus diesem *essential* mitnehmen können

- Die Begründung, weshalb nur eine ganzheitliche Personalentwicklung (PE) in der Lage ist, den Erfordernissen von Unternehmensführung und Mitarbeitern heute und in Zukunft gerecht zu werden.
- Welche konzeptionellen Grundvoraussetzungen erforderlich sind, um die PE als gestaltende Kraft im Unternehmen implementieren zu können.
- Eine Übersicht der wesentlichen PE-Bestimmungsfaktoren, die den Wünschen und Vorstellungen von Unternehmen und Mitarbeitern gleichermaßen entspricht.
- Eine kongruente Erklärung für die inneren Zusammenhänge und Wirkmechanismen der unterschiedlichen Instrumente und Maßnahmen.
- Welche Voraussetzungen erforderlich sind, um durch eine effektive und effiziente PE die digitalen Transformationsprozesse bewältigen zu können.

Literatur

Achtziger, A., Gollwitzer, P. M. (2010). Motivation und Volition im Handlungsverlauf. In: Heckhausen, J., Heckhausen. H. (Hrsg.), Motivation und Handeln, 4., überarbeitete und erweiterte Auflage, S. 309–336. Berlin – Heidelberg: Springer.

Becker, M. (2009). Personalentwicklung. Bildung, Förderung und Organisationsentwicklung in Theorie und Praxis, 5., aktualisierte und erweiterte Auflage. Stuttgart: Schäffer-Poeschel.

Bertenrath, R., Klös, H.-P., Stettes, O. (2016). Digitalisierung, Industrie 4.0, Big Data. IW-Report, 24/2016. Institut der deutschen Wirtschaft Köln.

Berthel, J., Becker, F. G. (2013). Personalmanagement – Grundzüge für Konzeptionen betrieblicher Personalarbeit, 10., überarbeitete und aktualisierte Auflage. Stuttgart: Schäffer-Poeschel.

Bidlingmaier, J. (1973). Marketing, Band 1 und 2. Reinbek bei Hamburg: Rowohlt.

Brandstätter, H. (1992). Veränderbarkeit von Persönlichkeitsmerkmalen – Beiträge der Differentiellen Psychologie. In: Sonntag, K., Personalentwicklung in Organisationen, S. 39–61. Göttingen: Hogrefe.

Brandstätter, V. (1999). Arbeitsmotivation und Arbeitszufriedenheit. In: Hoyos, Graf C., Frey, D. (Hrsg.), Arbeits- und Organisationspsychologie, Ein Lehrbuch, S. 344–357. Weinheim: Beltz.

Brandstätter, V., Schüler, J., Puca, R. M., Lozo, L. (2013). Motivation und Emotion. Allgemeine Psychologie für Bachelor. Berlin – Heidelberg: Springer.

Brechmann, B. (2010). Werte – ein Erfolgsfaktor für Unternehmen? In: Merk, R., Brechmann, B., Weitz, A. (Hrsg.), Mit werteorientierter Personalarbeit die Wertschöpfung steigern. Beiträge zur Fachtagung am 05. November 2009 an der Fachhochschule des Mittelstands (FHM). S. 7–17.

Brenke, K. (2015). Die große Mehrzahl der Beschäftigten in Deutschland ist mit ihrer Arbeit zufrieden. In: DIW Wochenbericht 32 + 33 2015, Arbeitszufriedenheit, S. 715–722. DIW Berlin – Deutsches Institut für Wirtschaftsforschung e. V. (Hrsg.).

Drumm, H. J. (2005). Personalwirtschaft, 5., überarbeitete und erweiterte Auflage. Berlin/ Heidelberg: Springer.

Eilers, S., Möckel, K., Rump, J., Schabel, F.: HR-Report 2014/2015. Schwerpunkt Führung. Hays AG.

Felfe, J. (2012a). Arbeits- und Organisationspsychologie 1. Arbeitsgestaltung, Motivation und Gesundheit. Stuttgart: Kohlhammer.

Fischer, L., Wiswede, G. (2009). Grundlagen der Sozialpsychologie, 2., überarbeitete und erweiterte Auflage. München: Oldenbourg.

Fischer, P., Asal, K., Krueger, J. (2013). Sozialpsychologie für Bachelor,Berlin/Heidelberg: Springer.

Flenner, V., Mühlemeyer, P. (2002). Daten und Fakten für die Personalarbeit: Umsetzung des „Managementinstruments Personalentwicklung" in der betrieblichen Praxis. Ergebnisse einer explorativen Studie an der Fachhochschule Worms. In: Personal Nr.07 vom 01.07.2002 S. 20–24.

Frey, D., Marit, G., Fischer, P. (2008). Erfolgsfaktoren und Stolpersteine bei Veränderungen. In: Fisch, Rudolf/Müller, Andrea/Beck, Dieter (Hrsg.), Veränderungen in Organisationen. S. 281–299. Wiesbaden: Springer.

Hammermann, A., Stettes, O. (2013). Qualität der Arbeit – zum Einfluss der Arbeitsplatzmerkmale auf die Arbeitszufriedenheit im europäischen Vergleich. IW-Trends – Vierteljahresschrift zur empirischen Wirtschaftsforschung, 40. Jahrgang, Heft 2/2013. Institut der deutschen Wirtschaft Köln (Hrsg.).

Heyse, V. (2006). Personalentwicklung auf dem Prüfstand. In: Neue Ansätze der Personalentwicklung für kleine und mittelständische Unternehmen. Anregungen aus Wissenschaft und Praxis. DGFP PraxisPapiere Ausgabe 6/2006, S. 17–28. Deutsche Gesellschaft für Personalführung e. V. (DGFP).

Hinterhuber, H. H., (2014). Erfolgreiches Führen von Mitarbeitern. Wie Organisationen ihre Mitarbeitenden langfristig motivieren und begeistern können. Wiesbaden: Springer.

Hinterhuber, H. H., Krauthammer, E. (2015). Leadership – mehr als Management, 5. Auflage. Wiesbaden: Springer Gabler.

Hungenberg, H., Wulf, T. (2015). Grundlagen der Unternehmensführung, 5., aktualisierte Auflage. Wiesbaden: Springer Gabler.

Institut der deutschen Wirtschaft Köln. Eine bunte Arbeitswelt. IWD Nr. 45 vom 8. November 2012

Jung, H. (2011) . Personalwirtschaft, 9., aktualisierte und verbesserte Auflage. München: Oldenbourg.

Kanning, U. P., Kuttenkeuler, H. C. (2007). Über die Bedeutung der Mitarbeiteridentifikation für die Unterstützung von Veränderungsprozessen in Organisationen. In: Rausch, K. (Hrsg.), Organisation gestalten. Struktur mit Kultur versöhnen, S. 519–530. Lengerich: Pabst Science Publishers.

Körner, T., Puch, K., Wingerter, C., Qualität der Arbeit. Statistisches Bundesamt (Hrsg.), Wirtschaft und Statistik, November 2012.

Kraft, B. (2001). Strategische Erfolgsfaktoren für die Umsetzung betrieblicher Personalentwicklungsmaßnahmen. In: Personal Nr.10 vom 01.10.2001. S. 584–588.

Kürschner, I., Combopiano, J. (2014). Die Arbeitswelt muss sich verändern. Nicht die Frauen. 50 Jahre Gender Diversity in Forschung und Praxis. In: Organisations Entwicklung Nr. 4 |2014. S. 47–51.

Meffert, H., Burmann, C., Kirchgeorg, M. (2015). Marketing – Grundlagen marktorientierter Unternehmensführung: Konzepte, Instrumente, Praxisbeispiele, 12., überarbeitete und aktualisierte Auflage. Wiesbaden: Springer Gabler.

Mudra, P. (2004). Personalentwicklung: Integrative Gestaltung betrieblicher Lern- und Veränderungsprozesse. München: Vahlen.

Neuberger, O. (1994). Personalentwicklung. 2. Auflage. Stuttgart: Enke.

Prümper, J., Becker, M. (2011). Freundliches und respektvolles Führungsverhalten und die Arbeitsfähigkeit von Beschäftigten. In: Badura, B., Ducki, A., Schröder, H., Klose, J., Macco, K. (Hrsg.). Fehlzeiten-Report 2011: Führung und Gesundheit, S. 37–47. Heidelberg: Springer.

Rationalisierungs- und Innovationszentrum der Deutschen Wirtschaft (RKW) Baden-Württemberg: Personalentwicklung. Auf die Mitarbeiter kommt es an.

Renker, C. (2008). Vision und Mission als Leitmaximen marktorientierter Unternehmensführung. In: Brauweiler, H.-C. (Hrsg.)., Unternehmensführung heute, S. 89–99. München: Oldenbourg.

Rosenstiel, L. v. (2003). Betriebsklima und Leistung – eine wissenschaftliche Standortbestimmung. In: Hangebrauck, U.-M., Kock, K., Kutzner, E., Muesmann, G. (Hrsg.), Handbuch Betriebsklima, S. 23–38. München: Hampp.

Rosenstiel, L. v. (2015), Motivation im Betrieb, 11. überarbeitete und erweiterte Auflage. Wiesbaden: Springer-Gabler.

Schuler, H. (2006). Stand und Perspektiven der Personalpsychologie. In: Zeitschrift für Arbeits- und Organisationspsychologie, 50(4), S. 176–188.

Sonntag, K., Stegmaier, R., Schaper, N., Friebe, J. (2004). Dem Lernen im Unternehmen auf der Spur: Operationalisierung von Lernkultur. In: Unterrichtswissenschaft. Zeitschrift für Lernforschung, 32. Jahrgang / 2004 / Heft 2. S. 104–127.

Spieß, E., Rosenstiel, L. v. (2010). Organisationspsychologie. Basiswissen, Konzepte und Anwendungsfelder. München: Oldenbourg.

Staehle, W. H. (1999). Management. Eine verhaltenswissenschaftliche Perspektive, 8. Auflage. München: Vahlen.

Weckmüller, H., Biemann, T., Geil, L., Armutat, S., Spallek, R. (2013). Forschungs-Praxis. Transfer im Personalmanagement. In: DGFP-Praxispapier 5/2013.

Weibler, J. (2014). Führung der Mitarbeiter durch den nächsthöheren Vorgesetzten. In Rosenstiel, L. v., Regnet, E., Domsch, M. (Hrsg.), Führung von Mitarbeitern, 7., überarbeitete Auflage, S. 271–283. Stuttgart: Schäffer-Poeschel.

Windhagen, E., Mußhoff, J., Malorny, C., Wittmann, R., Vahlenkamp, T., Suder, K. (2013). Die Goldenen Zwanziger. Wie Deutschland die Herausforderungen des nächsten Jahrzehnts meistern kann. McKinsey Deutschland.

Wunderer, R. (1996). Führung und Zusammenarbeit – Grundlagen innerorganisatorischer Bezie- hungsgestaltung. In: Zeitschrift für Personalforschung (ZfP), Bd. 10.1996, S. 385–409. Mering: Hampp.

Ziegler, R., Schlett, C. (2013) Formen der Arbeitszufriedenheit. Untersuchungen zur Validität der Selbstzuordnungsmethode sowie zu Unterschieden in der Valenz der Arbeit, der Arbeitssituation und der dispositionalen Affektivität. In: Zeitschrift für Arbeits- und Organisationspsychologie, S. 51–76.